日本のオペラ普及振興を願って

オペラにツカレた90才男のおもシロクローばなし

杉　理一

オペラ制作・演出・字幕監修者

東京図書出版

はじめに

音楽の友社出版のヒュー・ヴィッカーズ著、井口百合香訳の珍談奇談「オペラとっておきの話」という本をオペラの舞台裏方六十年余を経験した者の一人として、興味深く楽しく読み、日本との舞台スケールの違い、出演歌手の多彩さやレベルの違いなどにも感心し、考えさせられました。そして、その面白さに刺激され、スケールは遥かに小さいながら、自分の見聞きし、経験した数々の面白い舞台裏経験談を興味ある方に、お聞かせしたいというムズムズが心に湧き上がってきたのです。

ヴィッカーズ氏の本には、近年、日本では見聴きする機会の少ないワーグナーや、馴染みの薄い作曲家の作品も含まれていますが、ここで私が取り上げるのは、より身近な、実際に日本で行われた公演にまつわる珍談奇談なのです。そして、私の場合は、裏方と言っても、公演舞台の裏だけでなく、表側からテレビの中継放送ディレクターとして、稽古段階から付き合って見聞きした様々な裏話や、映像をロングショットからクローズアップにすることによって知った意外な真相、中継ディレクターだけが知り得た、オンエアーされざる驚くべきカメラショット内の出来事、放送が躊躇される映像など、今だから話せる風な裏話もあり、なのです。

目次◉

第一話

私がどうして、オペラに取り憑《つ》かれたか

お話を始める前に、読者の皆様が眉にツバを塗らずに済むように、私がどうして、こんな珍談奇談に巡り会うようになったかを簡単に、お話しておこうと思います。

そもそもは、歌好きオペラ好きだった大蔵省の高級官僚だった父が、多分、私四才の時、最愛の妻清子を結核で失った淋しさを紛らすためだったのでしょう、晩酌の度にイタリア民謡やオペラ・アリアを高歌放吟しているのを聞いて育ったせいで、小学生の頃から意味も分からず、「リゴレット」の「風の中の羽のように、いつも変わる女心」の歌や「道化師」の「俺はもう道化師ではない」などを、たどたどしく原語で歌っていました。そして、父が大蔵省の高級官僚仲間だった福田赳夫、池田勇人、愛知揆一諸氏と同様、総理の椅子を狙っていたように、私は鈍才の身を顧みず、いずれは総理大臣になることを夢見ていました。しかし、父が考えていた総理は権力の座に汲々とする政治屋でなく、ポルトガルの首相サラザールのような哲人政治家でした。私は父から古代ギリシャの哲学者ソクラテス、プラトン、それから禁欲哲学者エピクテートスの教えをたたき込まれたのです。鈍才の私が、それを、どこまで理解したかは、わかりませんが…。

当時の高級官僚の常として、父は転勤に次ぐ転勤で、私が生まれた昭和六年元旦の頃は広島税務監督局勤務でしたが、その翌月には横浜税関総務課長、それから三年後には銀行検査官で鎌倉住まい、その二年後には専売局の管理課長で世田谷下北沢へ、三年後には長崎税関長、二年後には門司税関長、そして、その翌年暮れには、中華民国各地の税関の総元締めの海関総税務司公処総務処長として上海へ渡ったのです。私は小学校の六年間に、東京、長崎、門司、上海と四校も転校したわけです。

そして、上海日本中学校では厳しい軍事教練の時間があり、重い鉄砲を抱えて荒れ地の匍匐前進、炎天下に膝を高く上げての長距離行進等があり、三年生になると、全員、三菱重工業の軍需工場の寮に寝泊まりし、昼間は旋盤という機械で迫撃砲の弾丸削り、夕方、六時に夕食を済ませて、七時から寮内で授業、九時半頃に疲れ切って布団の中に転げ込みぐったり、ぐっすりの毎日でした。そして迎えた三年生の昭和二十年八月十八日に、全員、否応なしの志願兵として上海海軍陸戦隊に入隊させられ、攻め寄せるソ連兵を弾丸もろ

昭和6年　母 清子に抱かれてお宮参り

くにない鉄砲を持たされ立ち向かうことになっていたのです。敗戦の詔勅が一週間遅れていたら、私は十四歳でこの世に別れを告げていたでしょう。辛うじて命拾いして上海から引揚げて、日本に帰り着いた時、敗戦の憂き目に打ち拉がれて、気力を失っている多くの日本国民の姿を見た時、私は「必ず日本を立ち直らせて見せるぞ」と心に誓いました。そして、いずれは政界に乗り出すつもりで、転入した開成高校で弁論部を創設して幹事役を務めました。ところが丁度、折も折、中央大学講堂で都内高校弁論大会が開催され、参加を呼びかけられました。未だ一回も大勢の人の前で演説をしたことがないのに、私は「ここで引っ込んでは男が廃る」とばかりに、参加を決め、出場の前に興奮で喉がカラカラに渇いて、がぶ飲みしたお茶が、演説開始と共に汗となって噴きだし、拭いても拭いても、びっしょりの状態で「日

父 基一（中国服）、姉 葉子、妹 道子と私（中学生）
上海にて　昭和 20 年

本再建の道」というテーマで処女演説しました。結果は十五校中の五位になり、まあ、何とか面目を保つことが出来ました。

開成高校から、大学コースが新設されたばかりの学習院大学の政治学科に進学しましたが、私のすぐ年下の妹が歌好きで転入した成城学園でコーラス部に入り小沢征爾さんと一緒に合唱を楽しんでいました。その妹に誘われ声楽の先生のところへ通い始めたのが間違いのもとで、当時、流行っていた音楽映画「オーケストラの少女」「未完成交響楽」「カーネギー・ホール」「今宵こそは」「グレート・カルーソ」「ナポリの饗宴」などを何度も見に通い、次第に深味にはまって藤原歌劇団の公演も欠かさず見に行くようになりました。そして、その常任指揮者だったマンフレット・グルリットが、当時、名バリトンとして世界的に知られていたゲルハルト・ヒュッシを日本に招き、自ら指揮した「ドン・ジョヴァンニ」も見に行きました。その幕切れのシーンで、ドン・ジョヴァンニが騎士長の亡霊に引きずられて地獄へ落ち、それを見たドンナ・アンナ、ドン・オッターヴィオ、ツェルリーナ達が六重唱を歌い終わって退場し幕が降りて大拍手となると思いきや、六人が退場しきった途端、ゲルハルト・ヒュッシのドン・ジョヴァンニがツバ広の帽子を高々と打ち振りながら、愉快げに高笑いしつつ舞台の前面を下手から上手へと走り抜けたのです。観客一同、唖然として一瞬、息が止まったような沈黙の後、会場は割れんばかりの大拍手と笑いに包まれました。それは、「ドン・ジョヴァンニ、つまり女垂らしのドン・ファンは永遠に地球から消えはしないよ」と言いたかったのでしょう。「おみごと！」としか言いようがありませんでした。

この公演の後、ヒュッシは神田共立講堂でグルリットのピアノ伴奏でシューベルトの「冬の旅」全曲のコンサートを開きました。私はシューベルトの歌曲も勉強中だったので財布の底をはたいて聞きに行きました。案の定、一曲一曲、心にしみ入る感動を覚えましたが、満場の拍手に答えて、ヒュッシはアンコールに、シューベルトの「楽に寄す」を歌いました、「人生の荒波に揉まれる中で、音楽は清らかな調べによって、私の心を天上へと導いてくれた、私は心から、あなたに感謝する」。ヒュッシの真情のこもった歌いぶりに、私は心の底から突き上げてくるような感動を覚え、後から思うと、この時、私は人生の行く先を大きく音楽の世界へと舵を切ったのでした。

そして、ろくにピアノも弾けず、コーリューブンゲンやコンコーネも学びもせずに、学習院大学卒業の年に音楽学校を次々と受け、次々と落っこちて、たたきのめされたのでした。では、どうしよう？　当時、父は上海から引揚げ、大蔵省の先輩、賀屋興宣氏、津島寿一氏が戦争犯罪人に追随したとして公職を追われた煽りを食って半分失業状態にありましたが、継母ハナとの間に三男三女の子供をもうけていたので、全部で九人兄弟姉妹。長男の私の責任は重大で、あやふやな才能で音楽の道など、とんでもないこと、もし、私が音楽の道を歩むべき運命にあるなら、将来、必ず、そのチャンスが訪れるだろう、その時は、死に物狂いで、その道を歩けばいい、今は、現実を見詰めてサラリーマンの道を歩むべきだ、と心を決めたのでした。そうして、思いついたのが、日本でも外国に負けない音楽映画を製作する可能性のある会社への就職でした。では、それは、どの映画会社だろうか。

戦時中、映画の配給会社だった日活が戦後、製作部門を再開し、「黒い潮」「警察日記」「女中ッ子」「こころ」等の意欲的な心に響く話題作を次々と打ち出していたので、この会社だ！と心に決めて受験、日活映画会社に就職して撮影所宣伝部勤務になりました。月丘夢路、浅丘ルリ子、芦川いずみ、小林旭、石原裕次郎、津川雅彦、宍戸錠等の時代でした。しかし、その後、世は映画の時代からテレビの時代へと流れが変わり、映画はどんどん斜陽産業となり、短編二本立て上演が多くなり、観客を呼ぶために裸体の美女や歌謡映画、チンピラやくざ映画等を量産するようになり、私の夢はあえなく消え去ってしまい、自分の良心に恥じるようなことまでして生きて行くべきだろうか、と真剣に考えるようになって来たのです。

それは昭和三十一年、一九五六年の頃、半蔵門の辺りに国立劇場が建設される、というニュースが流れ、その設立準備協議会の委員長に小宮豊隆氏が着任するということを知り、私は小宮さんが学習院大学の文学部長を務めておられたというだけの伝手で、いきなり、そのお宅を訪ね、必死の思いで、「国立劇場のために三年間、無給でいいですから、働かせて下さい」と、お願いしました。小宮さんは呆れたように聞いておられ、「出来る国立劇場は日本の伝統芸能としての歌舞伎や能楽、邦舞を上演する劇場で、外国のようにオペラや新劇を上演する劇場ではないよ」と言われ、がっかりした思い出があります。そのように絶望に打ち拉がれている時、降って湧いたような幸運がＮＨＫへの道でした。

それは昭和三十三年、一九五八年、それまで総合テレビだけだったＮＨＫが教育テレビ・チャンネルを増やすので、臨時に職員を募集したのです。社会経験のない大学の新卒者でなく、即、戦力になるような前歴ありの職員募集に、かなりの倍率でしたが、何とか受かることが出来、私は美術部の制作進行課に配属されました。制作進行課というのは、様々な番組のディレクターからの注文を受け、大道具や小道具、衣装、かつら等、番組で使う食べ物、動物等に至る迄、何でも外部の業者に発注し、予算枠内で取りそろえ、調整する

朝丘ルリ子と私

セクションでした。更に、私にとって幸運だったのは、その翌年に行われた第二回ＮＨＫイタリア歌劇公演の裏方に起用されたことでした。その後、イタリア歌劇公演シリーズは第八回迄、二、三年おきに行われましたが、私は裏方としての実績を買われて、毎回、公演に関わり、その働きぶりを認められて、音楽部のオペラ担当ディレクターになることも出来たのです。

藤原歌劇団、二期会はもとより、海外からの世界一流歌劇場の引っ越し公演の中継放送や、欧米で上演された評判の高い公演の映像を買い取っての放送等も担当してきたのです。

その間、自分のオペラ制作と演出の力を少しでも高めようと、その勉強の足しになるよう、私は自分が関係したオペラの映像を可能な限りベータ・ヴィデオとして録り溜めてきました。その数は数百本にも及びました。そして、私は最近になって、そのコピーした貴重な映像を少しでも日本のオペラ普及振興に役立てようと、映像付き講座を思い立ち、東京文化会館会議室での自主講座や、依頼を受けての講座を始めるようになったのです。ここに書き留めるオペラの面白話は、その講座でご披露したものも含まれていますので、その講座に出席された方には、また聞きになるかも知れませんが、その方には予め、お詫びしておきます。

第二話

NHKイタリア歌劇公演 裏方物語　その一

大急ぎ、愛の妙薬を買いに行きました？

生まれて初めてのオペラ公演の裏方経験は、第二回NHKイタリア歌劇公演でしたから、そこから、お話を始めましょう。会場は有楽町駅から近い帝国ホテルの向かい側にある東京宝塚劇場でした。この会場は名前から知られる通り、当時、盛んだった兵庫県宝塚に本拠を置く宝塚少女歌劇団の東京での公演場所で、戦後、進駐軍に接収され、アニーパイル劇場の名前で呼ばれていましたが、一九五六年、昭和三十一年、第一回NHKイタリア歌劇公演の前年に日本に返還されたのでした。この第一回公演の時、東宝の映画女優だった姉の葉子が、その初日公演「アイーダ」を見に行って、NHKのインタビューを受け、「私の弟は日活映画会社の宣伝マンなんですが、オペラ好きで安給料の財布の底をはたいて切符を買って、この公演を見に通っているんですよ」と喋ったのが放送されました。それが、三年後の一九五九年の第二回公演の時には、財布をはたかず、大汗を拭って自分が裏方の一員として働くことになろうとは、夢にも思いませんでした。

この回には「オテロ」「愛の妙薬」「ボエーム」「椿姫」「カルメン」の五つの演目が上演され

ましたが、特に話題のトップは、ドラマティックな強い張りのある声と、すらっとした男性美溢れる容姿でヨーロッパでも評判のマリオ・デル　モナコ演じるオテロでした。

攻めて来たトルコの軍船を撃破したローマ軍の軍船が岸壁に戻り、喜びに沸く群衆に出迎えられ降りたった将軍オテロが勝利を宣言する、その第一声が満場の客席の隅々まで響き渡った時、お客様は度肝を抜かれ、唖然として、一瞬、拍手するのも忘れた位に心の底を揺すぶられたのでした。この時にオテロの出世を妬み、その失脚を企む悪役ヤーゴを演じたティト・ゴッビという歌手も、声、演技共に優れた名歌手でした。歌手一人一人について話し出したら、きりがありませんが、裏方を経験したことで、初めて知ったことは、この強靱な将軍オテロを演じたデル　モナコが実は舞台恐怖症の気のよわーい男だったことです。出番が近付いても楽屋の個室にこもって、「今日は声が出ない、とても舞台には立てない、お客さんは帰って貰ってくれ」とベソをかく感じ、マネージャーや奥さんが「大丈夫、大丈夫」と励まして、引きずるように舞台袖に連れて行き、出番になって、舞台に押し出すと、途端に勇猛果敢な将軍オテロになってしまう、という不思議を目の当たりにしたものでした。

この回に来日した名歌手の一人にフェルッチョ・タリアヴィーニという陽気なテノールがいました。デル　モナコとは対象的に、リリコ・レッジェーロという優しく、しんみりした歌をみごとに歌い、「愛の妙薬」の村の純情青年、ネモリーノを得意役としていましたが、舞台裏では気さくに日本人の合唱連中と仲良くふざけ合っていたものでした。習いたてのたどたどしい日本語で、男声合唱の人から仕入れたエッチな言葉を女声合唱の人の耳元で囁き、彼女達が「キャーッ」と叫んで顔を赤らめ逃げてゆくのを面白がっていました。

彼の扮するイタリアの農村の若者ネモリーノは農場主の娘、アディーナに恋して、何とか、その愛を得たいと思い、たまたま、村にやって来たインチキ薬売りのドゥルカマーラが、人の心を引き寄せるという「愛の妙薬」をネモリーノに売りつけます。実は、この愛の妙薬とは真っ赤なウソで、ドゥルカマーラの飲みさしのただのワインなのです。このオペラ公演の時、幕が上がる前、ドゥルカマーラがネモリーノに渡すワインボトルを、タリアヴィーニが小道具担当の舞台監督助手だった私に渡し「シニョール・スギ、これにコカコーラを入れてきてくれ」と頼みました。そこで、私は、当時は

マリオ・デル・モナコと私（大阪公演に向う列車の中で）

まだ自動販売機なんてありませんでしたから、宝塚劇場の食堂へ駆けて行き、コカコーラを買って壜につめました。

普通、このように劇の中で使う飲み物は紅茶などを入れるのが常識になっていたので、「へーえ、タリアヴィーニはコーラが好きなんだ」と思いました。ところが、幕が上がってから、彼がコーラを注文した訳が分かりました。

ドゥルカマーラに言われた通り、ネモリーノは、辺りに誰も見ていないのを確かめた上、壜の口に親指を押し当て、腰を落として、激しく壜を何度も上下させて振り、飲もうとして口を近づけておいて、蓋していた指を離すとコーラが勢いよく二メートル近くも遠くまでプッシー！と噴きだし、ネモリーノは大慌てで、壜に口を当てて飲む、その姿にお客様は大笑い、拍手大喝采という訳だったのです。

しかし、この後、愛するアディーナが村に来た軍隊のベルコーレ軍曹と急に結婚することになり、ネモリーノは大急ぎで、もっと沢山、愛の妙薬を買って飲まねばならなくなり、そのため、軍隊に入り、入隊金を得て、そのお金を得ようとします。アディーナはその時になり、初めてネモリーノの愛の深さを知って涙をこぼします。それを蔭で見たネモリーノが歌うのが有名な「人知れぬ涙」のアリアで、この後、何人もの歌手が、この歌を歌うのを聴きましたが、彼以上に、この歌を心の底に響くように歌った歌手はいませんでした。

第三話

NHKイタリア歌劇公演 裏方物語 その二

ヴィオレッタが愛したのは日本の大島椿？

第二回公演のもう一つの演目「椿姫」は、裏方にとって大変だったのは、セット転換でした。第一幕は華やかなパーティが開かれているヴィオレッタの豪華なサロン、第二幕はパリ郊外の別荘、第三幕はヴィオレッタの高級娼婦仲間フローラの家の、これもまた豪華なパーティの開かれているサロン、そして、最後の第四幕はパリ下町のアパートの寝室。

この第一幕、第三幕のパーティ会場が実は大変厄介な代物で、テーブル・クロスをかけた大きなテーブルの上にワインやシャンパンのボトル、コップやグラス、それにスタンド・シャンデリアが林立し、飾りの付いた椅子も何脚もあるのを、幕が下りた途端に、サーッと片付け、大道具に転換させ、その転換が終り次第、次のシーンの小道具をさーっとセットしなければならないのです。それは、まあ、戦争騒ぎでした。気が立っている大道具の連中は「早く小道具を取っ払わないと、みんなぶっ壊すぞ！　もたもたしてたら、間に合わねえんだ！」と怒鳴りまくるので、映画撮影には馴れていても、舞台には馴れてない高津小道具店の若者達を監督する立場の私も必死になって、小道具片付けの手伝いをしたものでした。映画の場合だったら、大事な小道具が揃うまで、撮影スタッフは待たされるし、第一、百年も前のヨーロッパの風俗に対応する小道具など使う映画などありはしなかったので、それらしいものを探したり作ったりするのが大変だったのです。

そもそも、ヴィオレッタとはイタリア語で小さなスミレの花の意味なのですが、この「すみれちゃん」は椿の花が大好きで、身辺も室内も椿の花で飾り立てたので、椿姫とよばれるようになった、というので、この第一幕のヴィオレッタ家のサロンでのパーティ・シーンをセッティングするに当り、テーブルのまわりにも沢山の椿の花をあしらうように生花屋に注文しました。ところが、届いた花を見てびっくり、何とそれが俗にいう大島椿だったのです。

ご存じの方もおいでと思いますが、椿から採った椿油は、まだ日本髪が主流だった時代、日本女性の間で、鬢付け油として愛好され、椿油を売るポスターには色っぽい日本髪の美女が描かれていて、その椿油の産地は伊豆大島では大島椿と呼ばれ、ポスターに描かれていたような大島の娘さんは現地の方言で「アンコ」と呼ばれていたようです。

こんな日本的な花を百年も前のヨーロッパのファッションの中心地だったパリの上流社交界の高級娼婦が身につけたり室内を飾るのに使う筈がない、使ったとしたら、椿は椿でも、バラの花にそっくりな乙女椿だったに違いない、と、私は花屋に全部、取り替えさせました。

ところが、その第二回イタリア歌劇公演から二十七年後の一九八六年、まだ、私はＮＨＫ在職中でしたが、日本で「花と緑の万博」が開催され、第四回政府出展基本計画策定懇談会という長たらしい名前の委員会に出席し、委員を務めるよう命じられました。上からの命令とあれば、仕方なく、慌てての俄勉強で、花や樹木の書物を読みまくりました。そこで初めて知ったのが「大島椿」のことだったのです。

今となっては、詳しい記憶はありませんが、百年前、日本の大島椿がヨーロッパに紹介され、流行最先端の花の都パリでも爆発的な人気で、大量に、その種子や花木が日本から輸出された、ということなのです。だとしたら、何となく日本的というか、東洋的な雰囲気を持ち、華やかな大島椿がヴィオレッタに好かれ、その身辺を飾ったのは当然で、バラの花に似た乙女椿に置き換えた自らの不勉強、無知を深く恥じた次第でした。

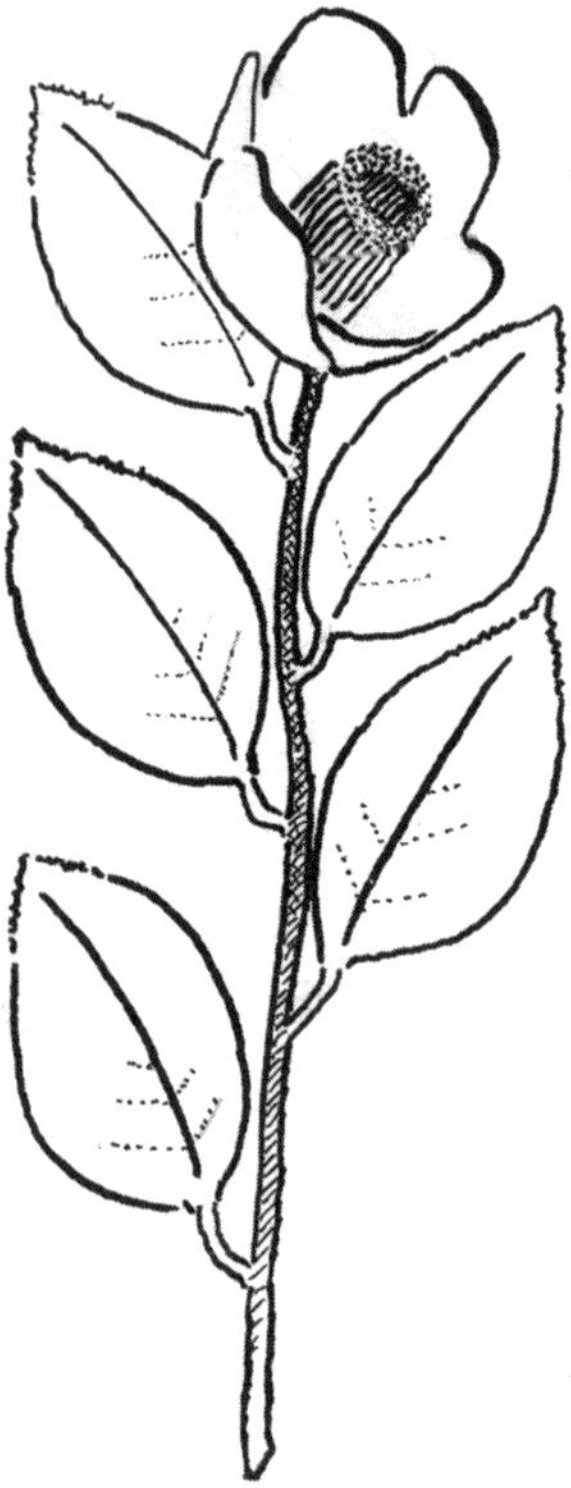

第四話

NHKイタリア歌劇公演　裏方物語　その三

カルメンがドン・ホセに投げたのはバラの花でない？

私がNHK現役時代、親しくお付き合いしていた藤原歌劇団の制作者吉田昇さんから聞いた話ですが、「日本ではオペラ公演をすると、作品によって、どれだけ観客を惹きつけられるかが一番心配なんだけど、「カルメン」なら、そんな心配が要らない位、お客さんが必ず来てくれるよ。」とのこと、それだけ、オペラの中では上演回数が多い作品なので、海外のオペラ公演も含めて、私も多くの歌手の演じるカルメンを見て来ましたが、NHKイタリア歌劇第二回公演では、デル　モナコの「オテロ」に次ぐ目玉商品はジュリエッタ・シミオナートの「カルメン」で、デル　モナコはドン・ホセを演じました。この時、放送された映像を見ると、シミオナート扮するカルメンの周りに群がる兵士や市民の男達は、NHKの放送合唱団、二期会、藤原の合唱団の面々だったのですが、まだ、オペラの舞台で演技するということに馴れていなかったので、大スターのシミオナート・カルメンに、にじり寄り、身体に触れて言い寄るなどとはとんでもない、逆に、なれなれしく近寄ってくるカルメンに硬い顔をして無理に作り笑いをして、「早く離れて行ってくれ」と言わんばかりになっているのが、おかしくてなりませんでした。

この時も含め、カルメンが身につけ、ドン・ホセに投げつける花は、いつもバラの花でした。ところが、メリメの原作では「カルメンはアカシヤの花束で身を飾り、口には一輪、アカシヤの花をくわえていた」とあります。百科事典によると、アカシヤは熱帯原産で、花は合歓《ネム》の花に似て黄色か白、とありますから、オペラ化に当たっては舞台映えする、華やかで皆に親しまれているバラの花に変えたのだと思われます。

このカルメンが好んで髪にも飾った花について、私は面白い経験をしました。それは、一九七九年、今から四十一年前、「名曲アルバム」の取材でヨーロッパ各地を回った時のことです。僅か五分の番組ながら、クラシック音楽を流しながら、その音楽に所縁のある土地や建造物の映像をお見せして、評判が高かった番組でしたが、取材対象は、担当を命じられたディレクターが凡そ二ヶ月位の間に収録可能な十五曲程度の提案をして、承認を得て、カメラマンと二人だけで出かけたのです。私は、やはり、オペラ好きだったこともあり、オペラに因む取材地が多かったのですが、その中に「カルメン幻想曲」というヴァイオリン曲を入れ、「カルメン」の舞台となったセビリアや、その近郊に取材に赴きました。

スペインの南部アンダルシア地方は長い歴史の中で、地中海に面していることから、中近東やアフリカとの戦争や交易での人種の混交が多く、混血児も多かったので、美人が多いことで

Prosper Mérimée

有名で、それは私も自分の目で確かめました。面白いことに、街角の看板などからも、カルメンという名前の女性が今も沢山いることも知りました。今も、昔の煙草工場の名残りがあると知って、撮影に向いていました。それは門構えも大きく立派な建物で、今は大学となっていて、確かに若い男女が出入りしていて、その門の脇には、今も、昔、衛兵の詰め所だったという建物も残っていました。面白かったのは門を出てからの道の両脇に花壇がずっと続いていて、私達が行った時は、咲いていませんでしたが、案内してくれたスペイン観光局の人の話ですと、シーズンにはジャスミンの花が咲き、煙草工場だった時代、女工達は競って、ジャスミンの花で身を飾ったそうなんです。こうなると、益々、カルメンとバラの花は関係なく思われて来ました。

第五話

NHKイタリア歌劇公演 裏方物語　その四

名脇役プロッティが舞台上でトンボ切り（空中転回）！

前回から二年後、一九六一年の第三回ＮＨＫイタリア歌劇公演の時、私は前回の経験を買われ、この回はイタリアから来た二人の演出家ブルーノ・ノフリ氏とカルロ・ピッチナート氏の演出助手を務めました。会場は新築されたばかりの東京文化会館。上演曲目は「アンドレア・シェニエ」「リゴレット」「トスカ」「アイーダ」「カヴァレリア・ルスティカーナ」「道化師」で、ご存じの通り、「カヴァレリア」と「道化師」は短いヴェリズモ（現実主義）・オペラで二本立てでの上演でした。前回、大変な人気を得たマリオ・デル モナコは「アンドレア・シェニエ」「アイーダ」「道化師」に出演しましたが、同様に前回に続いて来日したバリトンのアルド・プロッティは「カヴァレリア」を除いて、何と他の五演目に全部出演、その名演、名唱ぶりに感心しました。特に「リゴレット」のタイトルロールは、背中の曲がった、昔風の言い方だと「せむし」なのですが、「道化師」のトニオ役も田舎まわりの道化役者そのもののように、無様《ぶざま》で、ひょっこりひょっこりという歩き姿もリアルに、その肉体的ハンディを背負った人間の内心の悩み、苦しみを見事に演じて見せてくれましたが、特に、田舎の村に旅の芸人達が到着して、集まった村人の前で、トニオ役のプロッティがおどけて、頭も肩も地に着けず、ちょっと手をつくだけで一回転して立つ、所謂、トンボを切って見せ、村人のヤンヤの喝采を受けたのに度肝を抜かれました。舞台上でトンボを切ったオペラ歌手も芝居の役者も一人も見たことが無かったからで、役になりきってみせる演技と根性の凄さに舌を巻いたものでした。

「道化師」でのプロッティの演技力は、その後の劇の進行に従い、このオペラが、田舎芝居の座長カニオが女房ネッダの浮気を知って、苦しみ怒り、終には間男のシルビオを刺し殺すという普通の筋書きとは違って、ネッダに恋して、馬鹿にされ袖にされたトニオが、夫のカニオの疑いや怒りをかき立てて、カニオがシラを切ろうとするネッダに相手の男の名前を言わせようとする時、こっそりカニオの手にナ

第3回NHKイタリア歌劇公演「道化師」 村人を前にカニオ（マリオ・デル モナコ）を相手におどけてみせるトニオ（プロッティ）

イフを手渡すのもトニオなら、刺されたネッダの最後の呼びかけに飛び出してナイフを手にカニオに立ち向かおうとするシルビオに足を引っかけて、よろめかせ、カニオのナイフに刺されるように仕掛けるのもトニオなのです。こうして、全てがトニオの復讐劇であることを鮮明に示したことでした。この時、面白かったのは、ご存じの通り、「道化師」の冒頭にはトニオの幕開きの歌「プロローグ」があり、最後、ネッダとシルビオをカニオが刺し殺した途端、最後の一言「芝居は終わりました」をトニオが言って、初めと終りをトニオの言葉で締めくくり幕が下りるよう、スコアにも書かれているのですが、この時の公演では、デル　モナコが、「どうしても、自分が、この台詞を言いたい」、と主張、彼の我儘が通り、カニオの台詞で幕が下りたのでした。これは余計なことですが、不思議なことに有名なベートーヴェンの最後の言葉も「芝居は終わった」の一言だったと、伝え聞いています。

「リゴレット」のプロッティも凄かったです。宮廷道化師として、廷臣達を笑わせるよう、おどけて見せ、結局は深い恨みを買うのですが、人を小馬鹿にするようなことを言ったり、そうかと思うと、隠れ家に隠した大事な一人娘を愛し守るが、公爵の廷臣達に掠われると、その廷臣達に「悪魔め、鬼め」と罵ったり、涙ながらに、娘を返してくれ、と懇願したり、まあ、真に迫った歌と演技で、観客の心を揺さぶったものでした。

第六話

NHKイタリア歌劇公演 裏方物語 その五

先を争ってトスカをエスコートした若手指揮者諸君

「トスカ」という作品は、私も随分、テレビに収録放送したり、観客として見に行ったりした経験の最も多い演目ですが、様々な珍事が起きる宝庫のようオペラで、この面白話を書くキッカケになったヴィッカーズの「オペラとっておきの話」でも、トスカが第三幕の大詰めで、城壁から飛び降りた下にバネの効きがいいトランポリンが置かれていたため、飛び降りたトスカが悲鳴を上げながら何回も跳ね上げられ、悲劇が喜劇になった話や舞台経験の少ない銃殺隊の兵士達が、銃殺を終えた後は、主役が退場したら、退場して良い、と言われ、トスカの後を追って城壁から次々と飛び降りた話等、面白い話が載っていました。まあ、笑い話で済めばいいのですが、藤原歌劇団が一九九〇年に東京文化会館で「トスカ」を上演した時、招聘されて、タイトルロールを演じていたガリーナ・サヴォーヴァが稽古の段階で城壁から飛び降りた時、下にマットレスは敷いてあったでしょうに、足を骨折、大急ぎでピンチヒッターのガリーナ・カリーニナが呼ばれて無事、公演を終えたこともありました。一九八三年、藤原歌劇団公演、粟國安彦演出では東敦子扮するトスカが城壁から飛び降りた途端、照明効果でヴァチカン宮殿のある町並みの遠景が浮かび上がり、マリオネット人形と化したトスカが空からフワフワと宇宙遊泳した末、銃殺されたカヴァラドッシの近くに墜落するという幕切れで、途端にオペラ全体がひどく軽々しい喜劇風になってしまったのには大弱り、私の一存で、人形が飛び降りた一瞬だけ大ロングショットで撮り、その後はどんどんズームインして人形を切り、倒れ伏している小林一男カヴァラドッシのアップで幕が下りるようカメラ割を変え、とにかく放送に耐えるようにした記憶があります。

ＮＨＫイタリア歌劇公演の八回に亘るシリーズで、「トスカ」は第一回、第三回、第七回と三回も上演され、この演目の人気の高さが知れますが、偶然だと思いますが、同じ回に「アイーダ」も上演されました。この三回の「トスカ」でタイトルロールを歌い演じたのは三人の歌手でしたが、ダントツで有名だったのは、第三回のレナータ・テバルディで、マリア・カラスと世界トップの座を争っていた名歌手でしたが、彼女は子供の時に小児麻痺を患ったため、常に足腰をいたわり、彼のラスト・シーンも、高い城壁までは駆け上っても、身を翻して城壁の向こう側に飛び降りず、いかにも飛び降りたように見えるように下手の城壁パネルの陰に身をかがめて駆け込み、幕が降り、音楽が終わったのです。途端に感激した観客の会場を揺るがすような大拍手、そして、何回も続くカーテンコールが始まるのです。ところが、高い城壁の陰からカーテンコールを受けるために大急ぎで舞台正面に出る迄には、陰段と言う狭い急な階段を急いで降りなければなりません。しかも、ドレスの長い裾をからげ持ってです。そこで、この時は彼女の手を取ってエスコートして行く男性が必要となり、その役を「今日は僕の番だ」「いや、僕だ」と言い争ったのが、当時、舞台裏で指揮棒を振る、所謂、補助指揮者、副指揮者と呼ばれる人達で、岩城宏之、福永陽一郎、福田一雄、三石精一、若杉弘といった、その後、日本音楽界でマエストロとして大活躍した錚々たる諸君でした。

第七話

NHKイタリア歌劇公演 裏方物語 その六
蝶々夫人、超エンエン、超アツアツのキッス！ なぜ？

一九六三年に第四回NHKイタリア歌劇公演が行われました。やはり、会場は東京文化会館。演目は「トロヴァトーレ」「蝶々夫人」「セビリアの理髪師」「西部の娘」で演出は「蝶々夫人」のみ青山圭男さんで、後はブルーノ・ノフリさんでした。私は四演目の舞台監督という大任を命じられました。この時の青山さんの「蝶々夫人」演出は、一九五八年にメトロポリタン歌劇場の依頼を受けて公演して、大変な賞賛を受け評判になった、その演出での上演と言うことで大変期待されていました。私はNHKの他の番組で顔馴染みだったことをいいことに、青山さんに、そばで見学させて下さい、とお願いしたら、喜んで承知して下さった上、何と細かい動きや、キッカケなどを細かく書き込んだスコアを出して、「これはメトで演出した時の演出ノートだけれど、よかったら、あなたのスコアに書き写して、あなたが演出なさる時の参考にして下さい」と、貸して下さったのです。普通は、他人には見せたり、ましてや、写させたりはしない貴重なものを、と感謝感激したものでした。

この時の蝶々夫人は、当時、イタリアでメキメキと頭角を現してきて、一年前、ローマ歌劇場で、ディ・ステファノのを相手に「ボエーム」のミミを演じて賞賛されたミエッタ・シーゲレで、ピンカートンは、これも新進気鋭のアンジェロ・モーリでした。

シーゲレはイタリアでは「蝶々夫人」を演じたことはあったようですが、日本の着物を着て、日本の作法にのっとった、しとやかな演技などは、生まれて初めての経験なので、それはそれは大変で、青山さんの忍耐強く、懇切丁寧な指導は、私にとっても大変、勉強になりました。稽古が進み、愈々、総稽古、ゲネプロになった時、NHK公演の通例として、初日にテレビがナマ放送されるので、このゲネプロがテレビ・カメラによる最終通しテストとなるので、客席には中継カメラが三、四台据えられ、新聞、雑誌社のカメラマンもカメラの砲列を敷いていました。

シーゲレは着慣れていない、日本の着物を着せられ、歩くのもままにならないし、長い袖の扱いも不慣れ、日本髪のかつらは頭をきつく締め付け、緊張の上に緊張が重なり、「大丈夫、大丈夫、落ち着いて、落ち着いて」という励ましの言葉も役に立たないようで、端で見るのも気の毒なくらいでした。それでも、舞台は何とか順調に進んだのですが、蝶々夫人が花嫁衣装の打ち掛けの前を指先で開き持って、しずしずと座敷に上がり、白無垢の寝間着に数分間で着替える時、舞台裏でシーゲレは「帯がきつくて、胸が圧迫されて歌えない、もっと緩く、もっと緩く縛って」と衣装係を散々、てこずらせた末、ピンカートンはもとより、待ち構えているカメラマン達の前に現れたシーゲレは、何と両手の指先で白無垢の夜着の前を、打ち掛けと同じように開き、肌着、腰巻きを客席に見せながらしずしずと登場したのでした。更に、その後、美しい星空の下、ピンカートンが蝶々夫人に向って両手を差し伸べ、「さあ、おいで、さあ、おいで、君は僕のもの！」と言って、腕の中に飛び込んできた蝶々夫人とキッスするシーン。ピンカートンのモーリは、下から見上げるシーゲレの上に覆い被さるように、彼女の唇に自分の唇を重ねたのでした。この歌の後の長い後奏の部分では、ピンカートンが恥じらい、胸ときめかせる蝶々さんの手を取って座敷に導き、障子が閉まると同時に幕も下り、音楽も終わる筈だったのですが、モーリはなかなかキッスを止め身を起こそうとしませんでした。

あれ？　どうしたんだろう。と舞台袖から、よく見ると、シーゲレ蝶々さんが、キッスを受けようと身体をのけぞらせて、モーリ・ピンカートンを下から見上げるようにして、キッスを受けた時、彼女の日本髪の鬘がズルズルっと脱げ落ちそうになり、下から自前の毛を押さえるように巻き付けてあった白布が見え出していたのです。それに気づいたモーリは大慌てで、手を鬘の下に回し、唇で彼女の頭を鬘の中に押し込み、動くに動けなくなってしまったのです。その結果、それは幕が閉まりきる迄の後奏一杯の、長〜い長〜い、アツアツのキッスとなったのです。幕が下りた途端、シーゲレが怒ったこと怒ったこと、鬘を床に叩きつけ、楽屋に閉じ籠もってしまいました。そこで、私は楽屋へ行き、「鬘がきつくて歌えない」と言って、鬘をユルユルにさせたのは、あなたではありませんか、と説得、彼女も、日本髪の鬘は多少きつくても我慢しなければならないことを身に沁みて知ったようで、その後のゲネプロは無事順調に進み、スタッフ達の盛大な拍手にシーゲレもやっと機嫌を直した、という次第でした。

第八話

NHKイタリア歌劇公演 裏方物語 その七
シミオナートが二人いた！ ？・？・？

同じ第四回の公演にヴェルディ作曲の「トロヴァトーレ」という作品が上演されました。

このオペラは十五世紀、スペインのビスカヤ山地の麓にジプシー（現在はロマ人と呼ぶ放浪民族）がたむろする村があって、第二幕の冒頭にジプシー達が鉄敷の上で鉄を鍛えながら歌うアンヴィル・コーラス「朝の光がさしてきた」に続き、年老いたジプシーの女アズチェーナが「炎は燃えて」という有名なアリアを歌うのですが、この公演でアズチェーナを演じたのは人気のメゾ・ソプラノのジュリエッタ・シミオナートでした。

それはゲネプロと言われる公演前、最後の通し稽古で、舞台も大道具、小道具、衣装、かつら、メイキャップもちゃんとして、がらんとした客席には中継カメラが数台据えられ、照明はテレビで収録放送可能なように調整されてから、公演そっくりにオーケストラボックスに指揮者が登場するところから始めた時のことでした。

舞台監督だった私は、舞台袖の操作盤のところで、緞帳の上げ下ろし、大道具、小道具の転換の時の指示等をしながら、舞台の進行を見張っていました。

第二幕への舞台転換を終え、ジプシーの男女の合唱が始まったところで、出演者チェックのアシスタントが蒼い顔して、すっ飛んできて、「大変です、シミオナートがまだ楽屋入りしてませんでした！」「えーっ、では、彼女が来るまで、ゲネプロはストップさせなくちゃ」と私も事前チェックをうっかりした失敗にがっくり、ゲネプロ一時中止を指揮者に合図しようとしていた、まさに丁度、、その瞬間、合唱が終り、何と！アズチェーナの歌「炎は燃えて」が始まってしまったのです。

モニターテレビの画面を見ると、中継カメラはジプシーの群れの中にいる筈のシミオナートをあちこち、パンしまくって探していますが、中々、彼女の姿は捉えられませんでしたが、やっと、合唱の中に一人、確かにアリアを堂々と歌っている女性を見つけました。二期会合唱団の

福原信夫部長と私とシミオナート

アルトパートを歌っている桐生郁子さんでした。「凄い度胸！　彼女は音楽の流れを止めないように咄嗟に、シミオナートの代わりに歌っているんだ！」。その歌声もみごとで、シミオナートと遜色ないように聞えました。そして、彼女が歌い終わった突端、中継関係者意外、誰もいない筈の客席で「ブラーヴァ！」という大きな女性の声と拍手がして、驚いたカメラがそちらに振り向けられて捉えたのは、何と！　シミオナート、その人だったのです！　彼女は稽古の開始時間をうっかりして、遅刻して、丁度、駆けつけたところだったのです。

桐生さんは畑中良輔さんの奥方、畑中更予さん門下のアルト歌手としてのお付き合いもある人でした。

第九話

NHKイタリア歌劇公演 裏方物語 その八
舞台経験ゼロの馬騒動

舞台の裏方と言っても、舞台監督、演出助手等の他に、制作という大事な難しい仕事のセクションというか、分野があります。予算管理から、出演者、スタッフの選定、交渉等、それが複雑に絡み合っているのです。舞台経験希薄の人間にとっては、頭を悩ますことが次々と出て来ますが、第二回公演の時は「愛の妙薬」で、第三回の時は「アンドレア・シェニエ」「カヴァレリア・ルスティカーナ」「道化師」の三演目で生きた馬が曳く馬車に歌い手を乗せて登場しなければならなかったことでした。日本では歌舞伎で、二人の仕出しの人が大きな馬の縫いぐるみをかぶって出てくることはあっても、本物の生きた馬が登場することはなかったので、これには大弱りでした。「そうだ！ サーカスの馬なら、大勢の観客の前に怯えずに出て来られるだろう」と、サーカス団に交渉しようとしたら、木下サーカス団も他のサーカス団も、その時期、地方巡業に出ていて、東京にはいない、と言うことだったのです。仕方なく、世田谷にある馬事公苑に掛け合ったら、馬は貸し出すけれど、舞台経験のある馬などはいない、ということで、大弱り、仕方なく、比較的おとなしい馬を借り、舞台に馴れさせることにしました。そうは言っても、満員の客席のざわめき、耳元でのオーケストラ演奏のフォルティッシモやオペラ歌手の大きな声にも動じないでいられる馬など、そうはいるもので無く、耳には綿を詰めた布のキャップをはめ、少しでも早く人目の少ない舞台裏に逃げ込もうとする馬の目には視野を狭めて前方しか見られない革製の蓋をつけ、暴れる元気を減らそうと、可哀想だが、空服で睡眠不足気味にし、ベテランの人に口縄をとって誘導してもらうことにしました。苦労のし甲斐があって、それぞれの公演は無事進行しましたが、困ったことは、時も場所柄もわきまえない馬は、舞台の真ん中でも自然の呼び声に従って、おしっこやウンコをしてしまうことでした。幕が下りて、さあ、次のシーンの準備、と言ったときに、おしっこは舞台監督の助手がモップで拭くとして、ウンコは「これは小道具係が片付けろ」「いや、これは消え物係の仕事だ」と言い合う始末でした。因みに、消え物係とは舞台で使う飲み物や食べ物等の準備から、後片付けする係のことなのです。

馬のことで、もう一つ面白い経験があります。「愛の妙薬」でインチキ薬売りのドゥルカマーラが馬車に乗って下手から登場、オペラの最後のシーンで、下手へ退場するので、その間、馬と馬車、馬方は上手の馬小屋で出番待ちをする訳なのですが、御存じ、タリアヴィーニのネモリーノが有名な「人知れぬ涙」を歌っているときは、馬もしんみりと、その歌声に聴き入っているようなのに、その後、恋人役のアルダ・ノニ扮するアディーナがネモリーノの愛の深さに感動して歌い出すや、鼻をならしたり、蹄で床を蹴ったり、何やら不満そうなのが不思議でもあり、おかしくもありました。きっと、馬には高音域の音が神経に障ったのでしょうが、もしかしたら、あの馬は牝馬で、タリアヴィーニに恋していて、ノニの歌に不快感を表明していたのでは無いか、と思ったら、それも、ありかな、と可笑しくなりました。

第十話

NHKイタリア歌劇公演 裏方物語 その九
凄絶、舞台上の女の争い

それは第六回公演の時でした。「ノルマ」「トゥーランドット」「リゴレット」「ラ・ファヴォリータ」の四演目が東京文化会館で上演されましたが、この内、「ノルマ」と「ラ・ファヴォリータ」は、これが日本初演となる大変珍しい作品でした。ここでお話しするのはベルリーニ作曲の「ノルマ」上演の時のことですが、そのオペラをご存じない方も沢山いらっしゃると思いますので、ごく簡単にストーリーをご紹介しましょう。

時は紀元前五十年の昔、ローマ帝国のガリア地方で総督の位にあったポリオーネは、ドルイド教と呼ばれる宗教団体の主宰であるオロヴェーゾの娘で尼僧の長であるノルマに密かに接近し二人の子供まで生ませたのに、他の尼僧アダルジーザに心を移す。それを知ったノルマは復讐しようとするが、禁を犯した自らの罪の意識と、最後に至ってポリオーネがノルマへの真の愛に目覚めたのに気づき、ドルイドの民衆の前で己の罪を告白し、ポリオーネと共に燃えさかる火の中へ入って行き命を絶つ、という恐ろしい筋書きです。

このオペラはベルカント・オペラの最高傑作と言われ、タイトルロールを歌うソプラノはドラマティックな、ずば抜けた歌唱力と演技力を兼ね備えた歌手でなくてはならない、と言われていて、それ故に、日本人によっては、未だ本格的に上演されたことのないオペラなのです。そのノルマの役を当時、最高のノルマ歌手と評判の高かったエレナ・スリオティスが歌い、共演するアダルジーザ役のメゾ・ソプラノが、これまた世界一流にランクされていたフィオレンツァ・コッソットだったので、オペラ・ファンの大きな期待がかけられました。

ところが、大変残念なことに、肝心のスリオティスが日本に到着してから風邪をひいてしまい体調を崩して、初日公演は何とか歌いきったものの、二日目公演では二幕以降を歌い続けられなくなって代役を立て、三日目公演は全て代役、四日目公演は歌えるか歌えないかの判断に手間取り、三十分も遅らせて始める始末でした。「ノルマ」は長いオペラなので、そのままの時間で行くと、十一時終演になって、遠くからのお客さんが帰宅出来なくなるおそれがありました。そこで、転換休憩時間を出来るだけ短くしようということになり、裏方はまるで戦争騒ぎの大奮闘で、結局は三十分の遅れを取り戻しての十時三十分終演でした。

コッソットという人は大変気の強い、我の強い人で、この時より六年前のパリで、有名なマリア・カラスと「ノルマ」で競演、既に下り坂にあったカラスを徹底的に打ちのめしたエピソードは、カラスの伝記に克明に記されています。それは、このオペラの中の二重唱で最後の部分に、最高音を二人一緒に延々と伸ばさなければならない箇所があるのですが、コッソットは殊更に声を張り上げ、息の続く限り切ろうとせず、相手がへたばる迄、待つというやり方で、カラスを叩きのめしたのです。スリオティスも全く同じ手口で、ひどい目に会いました。舞台袖から見ていると、彼女の顔が蒼白になり、今にも喉から血を吐くのではないか、と思われる程に死に物狂いで歌っているのが手に取るように分かり、胸が締め付けられるような思いをしたものです。幕が降りた途端、スリオティスは自分の楽屋控え室に駆け込み、声を上げて激しく泣いていました。延々と続くカーテンコールの大拍手に、何とか、なだめてスリオティスを一人舞台に立たせましたが、次にコッソットが一人カーテン前に出ようとすると、また、スリオティスが続いて出てしまい、カーテンの陰に入った時、コッソットが「私が一人で出るの」という仕種を何遍しても、決してコッソット一人のカーテンコールをさせないで、ついて出て行くのには、食うか食われるかの、この世界の凄まじいばかりの厳しさを目の辺りに見る思いがしたものです。皮肉なことに、この二重唱が「死に至るまで、私はあなたの友達です」と言う題名なだけに忘れ難いのです。

第十一話

NHKイタリア歌劇公演 裏方物語 その十

その他の珍事件の数々

私がイタリア歌劇公演の映像を何故、沢山保存していたかについては、第一話にも記しましたが、廃棄される運命にあったイタリア歌劇公演の記録フィルムは、私が上司の許可を得た上で、自分のコート・キャビネットに積み上げて保存していました。それが、一九八一年、マリオ・デル　モナコが亡くなって、その追悼番組放送でイタリア歌劇公演の「オテロ」の一部を放送したところ、それが大変な話題になったことから、「思い出のイタリア歌劇公演」シリーズ放送を命じられ、それが後にNHKサービス・センターからDVDとなって売り出されるようにもなったのです。この「思い出のイタリア歌劇公演」の作成に当り、古い放送映像をチェックする内にとんでもない間違いを犯した放送記録を発見しました。それは第二回公演の時の「ボエーム」で、担当のディレクターは誰か記録がありませんでしたが、主役のロドルフォがタイトル・テロップではジャンニ・ヤイヤと出ているのに、実際に出演しているのはタリアヴィーニだったのです。この時、ロドルフォはダブルキャストだったことがプログラムには出ていましたから、ヤイヤが出演予定だったのが、何かの都合で急遽、タリアヴィーニに代ったのに気づかなかったディレクターが間違って放送してしまったのでしょう。更に、この時の映像で、笑ってしまったのは、瀕死のミミの枕元に近寄ったロドルフォが、いとしげにミミに口づけし頬を寄せた時、タリアヴィーニ・ロドルフォの墨で書き伸ばした耳横の鬢毛がミミの口の横にべったり付いてしまったので、ロドルフォが大慌てで、その墨を拭い、瀕死のミミがクスクス笑い出したことでした。舞台では、時にはとんでもない事態になるようなことが起るものです。

第四回イタリア歌劇公演は、第三回と同じ東京文化会館が会場で、プッチーニの「西部の娘」という、西部開拓時代のアメリカが舞台の珍しいオペラが上演されました。

第一幕は一九五〇年頃のカリフォルニアの鉱山の麓にある酒場で、第二幕は、その酒場の人気者

の女主人ミニーの自宅のリビングなのですが、この時、私は舞台監督を務めていて、第一幕の幕を閉めると。大急ぎ小道具、大道具を督戦して転換の指示やチェックをしていたのですが、第二幕のミニーのリヴィングの暖炉の照明がついてなく、薪がただ置かれたままになっていたので、照明室の方へ向って、「暖炉に火が入ってないぞ！」と叫び、また、別の舞台袖の準備状況をチェックに行きました。暫くして、舞台に戻ったら、舞台監督の助手がマッチを手に、暖炉の傍でマゴマゴしていて、私の顔を見て、不安げに「ホントに火をつけていいんですか？」と言うのを聞いてゾーッとしました。暖炉が燃えているように見せるため、暖炉の中に積んだ薪の下に仕込んだ灯りを点滅させ炎が揺らぐように見えるよう、照明に命じたのに、新米のアシスタントは、その命令が自分に向けられたものと思い込んで、布地に描いた暖炉のどこに火をつけたものか、迷っていたのでした。もし布地の暖炉に火をつけていたら、火は忽ち、傍の袖幕に燃え移り、あっと言う間に、東京文化会館は火に包まれ、燃え落ちるところだったのです。まあ、それほど間抜けなアシスタントではありませんでしたが。

珍談をもう一つ、これは伝え聞いた話ですが、第五回公演の「ドン・カルロ」、これは十六世紀の頃、スペイン王のフィリッポ二世が神聖ローマ帝国皇帝としてもフランスを含むヨーロッパの広域に亘って権勢をふるっていた頃、現在のベルギー北部に当たるフランドル地方の民衆代表数人が、フィリッポ王に、厳しく虐げられている民衆に、お慈悲を願いに進み出るシーンがありました。その時の使者の一人に二期会のバリトンとして活躍していた平野忠彦さんがいたのですが、彼とは親しく付き合っていたので、これは彼から直接聞いた話です。使者達は床に額を擦り付けるように下げて、恐る恐る玉座に座ったフィリッポ王の前に進み出て、口上を述べるため、顔を上げたところ、何と！　あろうことか、フィリッポ王のズボンの広げた股の部分、所謂、社会の窓がポッカリ開いていたのだそうで、使者の連中は驚くやら、可笑しいやら、互いにつっつき合って、厳粛なシーンの最中、笑いを怺えるのが大変だったそうです。

あの平野君も私より七、八才若かったのに六年前に亡くなったのが残念でなりません。

第十二話

美女達の視線の集中砲火でガチガチ、バレエ収録珍談

イタリア歌劇公演の裏方話が続きましたが、ここでちょっと話をもとに戻します。第二回公演の裏方を寝食も忘れて頑張った私の働きぶりを認めて下さった音楽部の丸山鉄雄部長、福原信夫副部長のお陰で、私は公演の翌年、希望通り音楽部に配属となり、以来、構成番組、リサイタル番組、シンフォニー番組等のアシスタントを務めましたが、オペラ、バレエも担当するようになりました。

バレエ番組に関しては、大沼清さんというベテランの先輩がおられ。バレエ番組の収録の仕方を一から教わりました。オペラ収録の場合はドラマ同様、台詞台本に線を引き、どこの台詞で誰を、或いは誰と誰を、どのカメラで、どの位のサイズで撮ればいいかを書き込んだ台本をディレクターもカメラマンも見て、収録を進めて行きますが、バレエの場合は、そうは行きません。台詞がないので、絵コンテと言われるダンサーの動き、配置の変化などをカメラマンに分かり易く描いた独特の台本を作らねばならないのです。

B5判の大きさの台本の各ページの中程には八つ矩形の枠が縦に描かれ、その左側の欄には、順番に従って、どのカメラで誰を、或いは誰と誰を、どれ位のサイズで撮り、時にはズーム・インしたり、ズーム・バックする指定を書き込むのです。更に、四角枠の右には、踊りの型や動きに付いた名前を書くのです。例えば「アラベスク」「アティテュード」「シェネ」「フェッテ」「ピルエット」等々、新米は、先ず、その一つ一つの型と名前を覚えなくてはなりません。まだ、その名前もろくに憶えてない時に、大沼さんが他の仕事で、稽古を見に行けず、私が生まれて初めてコンテをとりに行かされたことがありました。私がＮＨＫに入って三、四年、三十才で、まだ独身の頃でした。

　服部島田バレエ団か、谷バレエ団か、貝谷バレエ団か、橘バレエ学校か、松山バレエ団か、今は、はっきり憶えていませんが、正面の席に座り、団長さんに「今度、新しくＮＨＫのバレエ番組担当になられたディレクターの杉さんです。」と紹介され、二、三十人の若い美女達の興味津々の瞳の集中砲火を浴びて、私はガチガチになってしまいました。兎に角、ダンサーですから、クラシック・チュウチュウという薄ピンク色の軽い布で作った短いスカートをはき、上半身はランニング・シャツのような袖の無い身体にピッタリついた、これも薄ピンクの衣装で、踊りが始まると、あちこちに飛び回り、くるくる回って、足の先を頭より高く蹴り上げて踊り、私はどこを見ていいのか、視線のやり場を失い、ただ、ひたすら真っ赤になって、ダンサー達の動きやポーズの名前や隊形の変化などを、それこそ必死になって書き止め続けました。疲れ果てて局に戻り、その絵コンテを大沼さんに見せたら、「なんだこれは？　グチャグチャで、何が何だか、さっぱり分からんじゃないか。」とあきれられた思い出があります。

そのような苦い経験に始まって、次第に経験を積み、どの方向から、どれ位のサイズで撮り、どこで表情のアップを撮ればいいか、どこで別のカメラに切り替えたら、いいかも、次第に判断出来るようになって行きました。

それから、バレエにはストーリー性がなく、踊りそのものを鑑賞する作品と、台詞こそ無いけれど、オペラ同様に劇的な展開のあるものとがあります。後者の代表的な作品には、一般に広く親しまれている「白鳥の湖」「ジゼル」「眠りの森の美女」などがありますが、このような劇性の高い作品はオペラを収録するのと同じで、収録するディレクターは劇の

進行につれて緊迫感を盛り上げて行くような「カメラ割」と称する映像組み立ての工夫が要求されます。バレエ中継のディレクターにとって、一番嬉しいのは観客の方が、そのバレエの放送も見て、「いやー、客席で見た時より、ずっとテレビの方が面白かったよ。」と言われた時です。

そんなこんなで、私も次第、次第にバレエ収録の腕を上げて行き、テレビ・スタジオでの収録だけでなく、バレエ公演の中継も場数を踏み、次第に海外から来た世界一流バレエ団の収録も担当するようになりました。

その世界一流バレエ団公演の収録ディレクターを務めた最初の頃の演目は、一九七五年五月一日に来日した英国ロイヤル・バレエ団公演「リーズの結婚」、八月十四日に、来日したボリショイ劇場の「白鳥の湖」、九月三十日には、やはり、ロシアから来たモイセーエフ・バレエ団のバレエ・コンサート等、今から考えると夢のように、次から次と様々な国々からバレエ団がやって来て素晴らしい公演を楽しませてくれましたし、それを中継放送するのもありがたい仕事でした。

勿論、外来バレエ団以外にも日本のバレエ団の公演も、また、「ＮＨＫニューイヤー・バレエ・コンサート」「ＮＨＫバレエの夕べ」「舞踊ホール」等のバレエ番組も沢山あり、多くの視聴者の方に楽しんでいただきました。しかし、その中で、特に私にとって一生の思い出となった放送は一九八三年、チャイコフスキー記念東京バレエ団が、世界的な名振付家モーリス・ベジャールを招き、その振付によって同バレエ団公演の「ドン・ジョヴァンニ」「さすらう若者の歌」「ロメオとジュリエット」に続けて踊られたラヴェルの「ボレロ」でした。ソロを踊ったのはパトリック・デュポン。

ご存じの方も多いと思いますが、十五分程の曲で、終始、同じシンプルなリズムが刻まれ、最初は管楽器のソロでメロディーが奏され、繰り返す度に少しずつ少しずつ、他の楽器が加わって行き、次第に力を増して行って最後にはフル・オーケストラの力強い演奏に上り詰めて終わる、といった曲。映像は真っ暗シーンから始まり、音出と共に、三十センチ程のスポットライトが、くりくり動くデュポンの片手の先っちょだけを浮かび上がらせ、それが、音楽の進行に連れて少しずつライトが広がって行き、両手、半身、やがて全身、そして、彼が踊る直径十メート

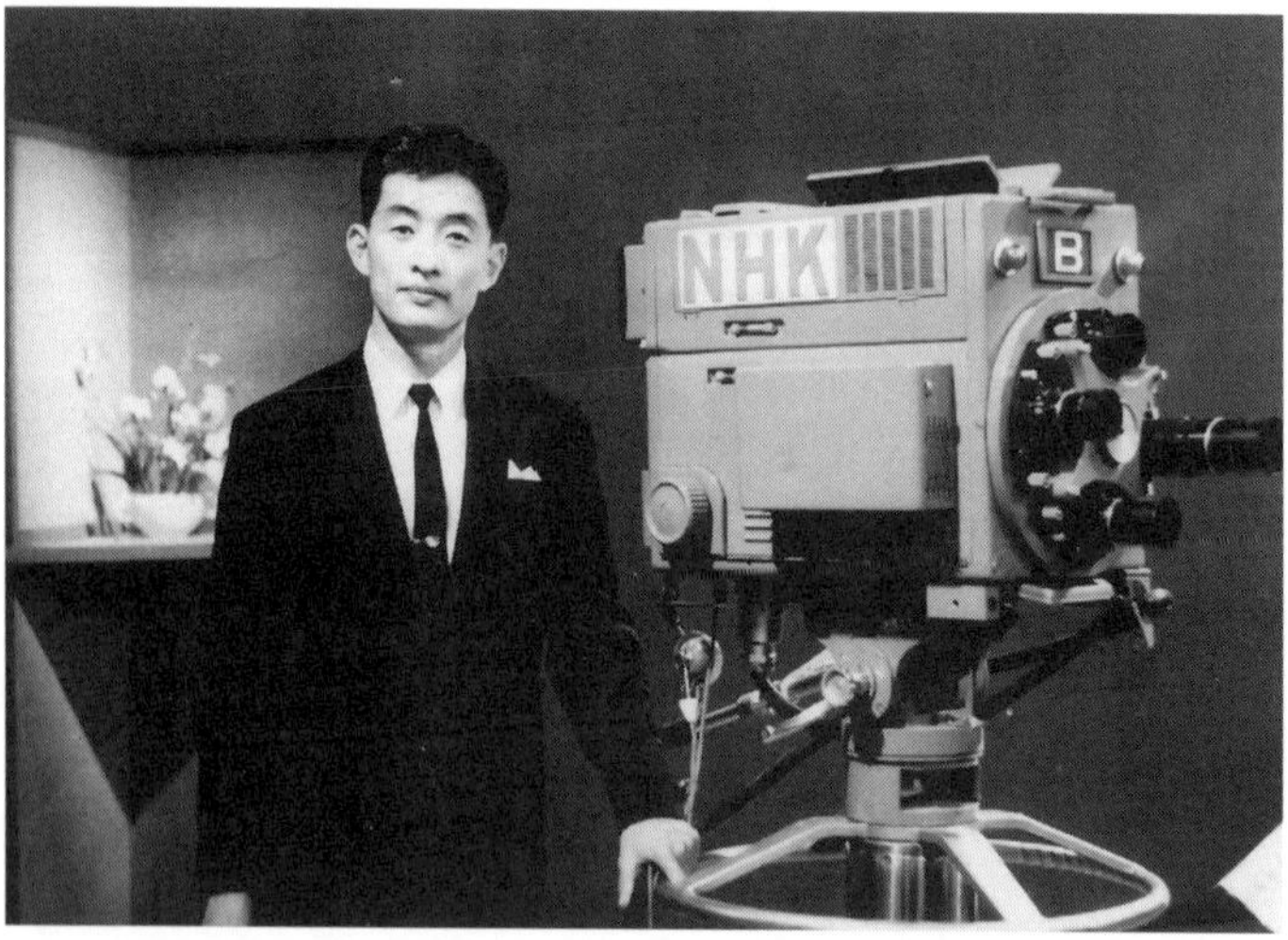

音楽部のプログラム・ディレクターになった私とテレビ・カメラ

ルほどの大きさの円形舞台、更に、その周辺で、デュポンと同じ動きの男性ダンサーが、次第に数を増し、ダンスも激しさを増し、最高潮に達して最後のポーズが決まった途端にブラック・アウト。会場は興奮の渦に巻かれて拍手大喝采。このボレロ全曲と共に、この時、バレエ団の稽古場でベジャールが振り付けている練習風景やインタヴューも一緒に放送し、多くのバレエ・ファンに喜んでいただくことが出来ました。

第十三話

オペラのテレビ中継放送珍談　その一
「アイーダ」ナマ放送中に停電！「アドリアーナ・ルクヴルール」で救急車！

また、オペラの話に戻りますが、今度は、私がイタリア歌劇公演の舞台裏方としてでなく、中継放送のディレクターとして見聞した珍談をご紹介しましょう。最初の大事件は、私が放送を担当していたのではなく、私の大先輩の福原信夫さんが東京宝塚歌劇場での第一回イタリア歌劇公演の幕開け公演とも言うべき「アイーダ」をナマ中継放送した記録白黒フィルムを見て知ったのですが、第四幕、最後のクライマックスとも言うべき部分、アイーダの父で敵国の王に味方したと言う罪で、死刑になろうとしている将軍ラダメスに向い、シミオナート扮するアムネリス王女が、「恋敵のアイーダへの愛を断念し、私と一緒になる道を選んだら、命を助けてあげよう」と言うと、ラダメスはその提案を退け、生き埋めの死刑を望む、と答える、緊張感一杯のシーンで、何と！　音は続いているのに、画面は突然、真っ暗！、それが十五秒続いた後、映し出されたのは江ノ島沖のヨットの写真、更にバラの花束の写真、そして、二分位後になって、縫いぐるみの猫をバックに「現地、停電のため映像が送れません」の字幕が出され、その間、音楽は途切れなく聞えていて、五分ほどで、ようやく元のアイーダの映像に戻る、といった放送の裏方経験者には心臓も止まりそうな驚くべきナマナマしい映像が残っていたのです。考えてみれば、もし、ホントに停電なら、当然、そんな字幕も放送される訳も音楽だけが続く訳もなし、明らかに映像を送るラインの断線なのですが、その時、アシスタントを務めた先輩に訊きましたが、中継車の周りは、原因を突き止めるので、大騒ぎだったそうです。

一九七六年の第八回公演で、私の担当は「シモン・ボッカネグラ」というオペラでしたが、後輩のディレクターが他の演目を収録する後見役も務めました。その中で、「カヴァレリア・ルスティカーナ」と「道化師」が上演され、ドミンゴが両演目の主役を演じるのが話題になった公演で、本番前のゲネプロ、総通し稽古の時、「道化師」のネッダ役に出演していたエレナ・ヌンツィアータというソプラノが、実は妊娠していて、突如、楽屋で苦しみ出し、切迫流産のおそれあり、とのことで、救急車で慶応病院に運ばれ、その時、「カヴァレリア」のローラ役で出演予定のワリー・サリオという歌手が咄嗟に代って代役を務めました。そして、その二日後の初日公演では、何と、流産の危険を冒して、ヌンツィアータは見事にネッダを演じ切って、満場の拍手喝采を得ました。

この第八回公演では、おそらく日本初演だったと思いますが、チレア作曲の「アドリアーナ・ルクヴルール」というオペラも上演されましたが、このタイトル・ロールを歌ったのが、当時、ヨーロッパで、カラス、テバルディの後を継ぐ世界的プリマドンナと噂の高いモンセラット・

カバリエでした。背丈もあり、堂々たる恰幅のソプラノでしたが、人気の舞台女優の役を演じ、「私はいやしい、神様のしもべです」という有名なアリアを、実に美しく心のこもった歌いぶりで、聴く人の心を、うっとりさせたものでした。

ところが、その「アドリアーナ・ルクヴルール」の二日目公演の第四幕、ルクヴルールの家のサロンで、彼女の恋敵であるブイヨン公妃、演じたのはフィオレンツァ・コッソットでしたが、そのブイヨン公妃に恋人ホセ・カレラス演じるマウリツィオを奪われ、悩み苦しむシーンで、カバリエは突然、ソファの向こう側に倒れ伏し、音楽は続いているのに、幕が降りてしまいました。カバリエが貧血で気絶して倒れたからで、舞台裏は大騒ぎとなりました。その後、公演は、お断りのアナウンスがあって、代役が代って演じ切って、最後の幕が降りましたが、後で舞台裏にいた先輩のディレクターに聞きましたら、直ぐに救急車が呼ばれ、救急隊員が担架を持って、駆けつけたのですが、彼女の巨体が巾の狭い担架に乗りきれず、大道具の平台という畳一畳以上の大きさもある木製の厚みのある台に、彼女を乗せ替えて四、五人がかりで運んだそうなんです。「いや、その重かったこと、重かったこと、腕がちぎれそうだった」というのが、その一端を持った先輩の言葉でした。感心したのは、この時、咄嗟にカバリエの着ていた衣装を纏い、彼女に代ってルクヴルールの役を演じ終えたのは、何と！　先日、「道化師」のネッダのピンチヒッターを見事に演じたと同じ、ワリー・サリオというソプラノだったのです。そう言われて見れば、衣装はぶかぶかでしたが、しかし、ネッダはまだしも、滅多に上演されることのないアドリアーナの主役を咄嗟に歌いきれる歌手がいるとは、凄いなあ、と感心したものです。

第十四話

オペラのテレビ中継放送珍談　その二

「トスカ」が裏返しの大海亀状態！

カバリエは第八回NHKイタリア歌劇公演が初来日の筈だったのですが、実は、その前年の一九七五年に、マダムバタフライ世界コンクール実行委員会主催の神奈川県立音楽堂での「トスカ」に予定していたマリア・カラスが突然、来日出来なくなり、そのピンチヒッターとして、カラスに推薦されて来日、ジュゼッペ・ディ　ステファノのカヴァラドッシの恋人トスカを演じたのですが、この「トスカ」公演を収録放送したのは私でした。警視総監スカルピアを演じたのもイタリアから来たヘルリアというバリトンでしたが、この歌手はイタリアで歌い慣れているせいか、演技がかなりいい加減で、例えば、部下がドアをノックした時、「誰だ？」と言わねばならないのに、言い忘れ、部下が目の前に立ってから「誰だ？」と訊いたり、階下から聞えて来る賛美歌の音を遮るために窓を閉めるキッカケを間違え、窓を閉めても賛美歌は聞え続け、彼が椅子に座ったら、どう言う訳か、突然、ピタッと声が途絶える、という始末、この収録で一番困ったのは第一幕で、カヴァラドッシが、教会堂の壁画に描いたマリア像に向かい、ポケットからトスカの肖像画ペンダントを取り出し、その絵姿とマリア像との不思議な照合を有名なアリア「妙なる調和」として歌い上げる所で、カメラのウエスト・サイズに録ったステファノがポケットから取りだし、パチンと蓋を開けて突き出したのは何と、懐中時計の文字盤！　トスカの肖像ではなかったのです。ステファノは小道具のペンダントを忘れたため、咄嗟に自分の懐中時計で間に合わせたのです。これにはまいりました。撮り直しが出来ず、結局、そのまま放送せざるを得ませんでした。この第二幕でヘルリアのスカルピアがひとときの快楽を求めて、トスカのカバリエをソファーの上に押し倒した時、カバリエが必死に手足をバタバタさせて抵抗する姿を、中継車の中でモニターを見ていた私は思わず、「わーっ、まるで大海亀がひっくり返されたみたいだ！」と叫んでしまいましたが、その後、彼女が起き上がって歌い出した「歌に生き、恋に生き」を聴くや、その深い、絶望的な悲しみのこもった高音のピアニッシモの美しさに、すっかり心を奪われ、流石、世界トップクラス歌手だ、と感心たものです。この時、歌うトスカのアリアを以前は「歌に生き、恋に生き」と言っていましたが、現在はNHKでも「歌に生き、愛に生き」と改めて呼ぶようになっています。と言うのは、この歌詞の中には、貧しい人への愛、神への愛を歌っていて、恋愛感情は歌っていないことに気づいたからのようです。「歌に生き、恋に生き」の方がイキだ、と思っての勘違いだったのでしょうね。

ジュゼッペ・ディ　ステファノは、オペラの一線から退いたマリア・カラスと世界各地でジョイント・コンサートを開いて大変な話題となり、一九七四年には日本にも来てNHKホールでも開催されました。このコンサートの模様はＮＨＫによって収録され放送されましたが、その番組を担当したディレクターはこの私でした。カラスが我儘で、練習のスケージュールがいい加減で、苦労しました。カラス自身、この時のコンサートをＮＨＫに収録放送させたことを、「老醜をさらしてしまった」と深く後悔していたということを、ＮＨＫの後輩で、カラスの伝記の翻訳をしたこともある千代田昌弘君から聞いたことがあります。しかし、確かに五十才を過ぎたカラスは声も衰え、顔の皺も増えていましたが、颯爽としたステージへの登場退場の姿、「ハバネラ」や、ステファノとの「愛の妙薬」二重唱など演技混じりの歌い方はみごとで、実際の舞台が瞼の裏に浮かんできました。この時の映像は、その後、どう言うルートを通ったのか、ＤＶＤとして売り出されました。貴重映像として随分、売れたと思いますけど、苦労して収録した私のところには何の断りもなく、一円も回ってきませんでした。

第十五話

オペラのテレビ中継放送珍談　その三

大変！　王様の鼻が落っこちた！

沢山の公演を見てきて、一番びっくり仰天したのは、ボリショイ・オペラ公演の「ボリス・ゴドノフ」中継で王様ボリスの顔をクローズアップした、その瞬間、鼻が落っこちた事件です。このエピソードはＮＯＰオペラ・ヴィデオ鑑賞会講座でも、お話したことがありますので、その講座に出席された方には重複しますが、ご勘弁下さい。

普通、オペラを中継収録する場合は、ディレクターは中継車の中でヴォーカル・スコアを追いながら、客席に据えられた四台のカメラから送られて来た映像モニター・テレビを見て、現に録画中のカメラにパンしたり、ズーム・イン、ズーム・アウトの指示を与えたり、次に切り替えるカメラが注文通りの映像を捉えているかを確認し、サイズが違っていれば、レシーヴァーを通じて修正させ、隣に座っているスイッチャーと呼ばれる、ボタンを押す技術者にサインを送り画面を切り替えるのです。まあ、開演中は緊張の連続でした。

それは一九七〇年にボリショイ劇場が来日、大阪万博の年だったので、その大阪公演を私は八月十七日に収録、映像を東京に持ち帰って十九日と二十日で編集し枠付けして、試写した後、二十三日に放送という過密スケジュールでした。

ムソルグスキーの「ボリス・ゴドノフ」ボリスはヴェジョールニコフ、収録担当の私は、この時、中継車の中で生涯忘れることの出来ない仰天するようなシーンにぶつかったのです。

「ボリス・ゴドノフ」のオペラをご存じない方もいらっしゃるかも知れませんので、簡単に説明しますと、舞台は十六世紀のロシア、イワン雷帝と呼ばれた皇帝が亡くなり、後を継ぐべき幼いディミトリー王子も続いて亡くなり、親戚筋のボリス・ゴドノフが皇帝の位につきますが、宮廷の年代記を記録する年老いた僧侶から、実はボリスが密かにディミトリー王子を暗殺したことを訊いた若い僧侶のグリゴリーは野心を起こし、自らを、ディミトリー王子と名乗り、ポーランド軍を引き連れて、永年の飢饉で苦しむ農民達が暴動を起こして政情不安定なモスクワのボリスのもとへ軍を進めたのです。

ボリスは「王子は自分が殺した、生きているわけがない」とも言えず、クレムリンの宮殿の奥の間で一人、良心の呵責に耐えきれず悶え苦しむ、そのシーンで、カメラは私の指示で部屋全体を撮したロング・ショットから、じわじわと、ボリスの苦悩する上半身へ、詰めて行き、窓辺のカーテンの揺れに驚き、額から冷や汗を流して怯える顔のアップ・サイズ迄、詰めて行った、その次の瞬間、あろうことか、ボリスの威厳のある高い鼻の上の部分が、目に近いところから、ゆっくりとはがれ、弧を描くようにして落ち始めたのです。「あれっ!」と思わず、私は叫んでしまいました。しかし、本人の方がもっと慌てたようで、思わず右手で押さえようとしたのですが、時既に遅く、パテで作ったツケバナは、その手の中に落ち、握りしめられて、指と指の間からグニュグニュはみ出る始末。自前の鼻はと言えば、威厳ある皇帝の高々とした鼻から、ぺしゃんこに近い先端が、上を向いたロシア農民の鼻に様変わりしてしまったのです。私は咄嗟にカメラをロングに切り替え、本人もなるべく客席とは反対側を向くように演技して、お客さんに気づかれないように幕切れを待ったのです。いやー、永年、私がオペラを中継したのは何十回にもなりますが、これは最大の珍事でした。なんぼ何でも、このまま放送するわけには行かず、鼻がはがれ落ちる寸前に、その前のロングショットをダビング挿入、編集してごまかし、その不自然さには誰も気づかなかったようでした。ヤレヤレ。

この「ボリス・ゴドノフ」というオペラには、もう一

良心の呵責に苦しむボリス・ゴドノフ（これはステレンコ）

つ忘れがたい思い出のエピソードがあります。それは一九六五年、ＮＨＫが第四回と第五回のイタリア歌劇公演の間にスラブ歌劇団を招いての公演を東京文化会館で行いました。「ボリス・ゴドノフ」「売られた花嫁」「イーゴリ公」「エウゲニー・オネーギン」の四演目、そのムソルグスキー作曲の「ボリス」が公演された時、私は中継放送のスタッフとして舞台袖で、スラブ側の裏方や日本側裏方の動きをチェックし、中継車にいるディレクターに連絡する役目を仰せつかり、緞帳幕の上げ下ろしをする操作盤の所で舞台全体を撮しているモニターテレビを見ていました。その序幕の第二場、ボリスが王位につく戴冠式のシーンで、クレムリン広場に正面の宮殿から大僧正に導かれて出て来たボリスや貴族達の行列が、群衆の歓声に迎えられ、舞台上手にある寺院へ入って行き幕が降りるという段取りでした。

その時、私がモニターを見て仰天したのは、立派な法冠をかぶり長い白いドレス着た大僧正、彼こそは、この場の幕を下ろすキッカケを舞台係に出すスラブの舞台監督だったのです。では、誰が日本人の操作盤係にサインを出すんだ！　私は操作盤の横に置いてあった彼のスコアを大急ぎでめくって見ましたが、どこにも緞帳を降ろすキッカケの印が書き込まれていません。エッ、エッ、どうなるんだ。私の胸の動機が高まりました。そんなことにはお構いなしに、大僧正は、行列を先導して、悠然と上手の寺院へ入って行きました。上手の袖幕に姿が消えた途端、客席からは見えませんが、大僧正さんは法衣の裾を高々と捲り上げ、脱兎のように背景幕の裏の細い通路を駆け戻り操作係に幕を下ろすサインを与えると、しずしずと幕は降り、観客の大拍手に大僧正兼舞台監督さんは至極ご満悦の態、私はほっとしました。

第十六話

オペラのテレビ中継放送珍談　その四

短刀の白鞘でみどりの黒髪ばっさりの怪力姫

このボリショイ劇場来日公演から五年後の一九七五年、今度はアメリカが世界に誇るメトロポリタン歌劇場の引っ越し公演が行われました。これは中部日本放送が創立二十五周年記念の事業として招聘開催したもので、当初は中継放送する話は全く無かったので、五月二十九日、私は安給料の中から大枚をはたいて、その初日公演の「椿姫」を見に行ったのですが、それから四日後の六月二日に、その「椿姫」の六月六日のNHKホールでの四回目公演を収録しろと命じられました。どうやら、アメリカ大使館辺りからメトロポリタン歌劇場の支配人に圧力がかかったようで、ロシアのボリショイ歌劇場やドイツのベルリン国立歌劇場などが、ここ数年の内に来日、NHKが中継放送したのに、天下一のメトロポリタン歌劇場の公演が放送されないなんて考えられん、ということだったようです。

この突然の命令に、収録スタッフをかき集め、収録機材の準備、収録台本を制作しての打ち合わせ等々、てんてこ舞いの大騒ぎでした。音楽がどの部分に来たら、どのカメラで、誰を、或いはグループを、どの位のサイズで撮るか、歌っていない登場人物でも、大事な表情の変化を捉えなければならない、そんなことを考慮しながら、それをヴォーカルスコアに書き込む、所謂、カメラ割り作業というのには殆ど徹夜に近い労力が求められるのです。そして、そのカメラ割りの入った台本を作って、カメラマン、スイッチャー（ディレクターの指図で、カメラ切り替えのボタンをおす係）に渡すのです。しかも、オペラのテレビ中継では、普通、通し稽古を下見し、本番同様の総稽古をカメラ・テストし、それから本番収録するというステップを踏むのに、この時は殆ど、ぶっつけ本番だったのです。

ＮＨＫのオペラ・テレビ中継の実力を全く知らないメトロポリタン歌劇場の上層部は、不安だったのでしょう、当日、中継の副調整室に技術主任を見に行かせたい、と言って来たので、私は「見に来てもいいが、一言でも口を出したら、出て行って貰う」と伝えました。

そして、公演が始まり、私の背後に立って、収録されつつある映像を見ていたメトロポリタンの技術主任は、収録の見事さにびっくり仰天していましたし、舞台袖のモニターテレビの前に群がっていた出演歌手達も「ワンダフル！」と喜んでいました。

さて、ここまで書き記して来たのはＮＨＫイタリア歌劇公演の時のことだったり、海外の歌手による日本公演でしたが、これから、お話しするエピソードは日本のオペラ団体の日本人歌手だけの公演を私が中継放送した時のこぼれ話です。

それは一九七五年の十月末から、日生劇場で行われた二期会公演のオペラ「袈裟と盛遠」という山内恭雄の台本に石井歓が曲をつけた作品で、私が収録放送を担当しました。収録は無事に済み、一月十八日のＮＨＫ劇場という番組枠で放送するため、試写して、時間の都合で一部はカットしなくてはならない部分等をチェックしていたところ、一瞬、「あれっ！」と我が目を疑うようなショット部分があるのに気づき、慌てて、その部分を何回も見て確かめました。

この「袈裟と盛遠」という物語は、平安時代の都で或る春の宵、お花見の宴が開かれた折、遠藤盛遠が友達の渡辺渡の妻、袈裟御前に会って以来、すっかり心を奪われ、彼女に愛を告白する。袈裟御前も、渡を愛しながら、盛遠の愛にも強く心を惹かれ、思い余ったあげく、「それならば、夜中に夫渡の寝室に忍び込み、夫渡の寝首を切って欲しい」と言い渡し、その後、何と、袈裟御前は自分の長い髪の毛を切り取って、夫の臥所に代って寝て、それとは知らぬ盛遠が、その首を切り落として逃げ延びた後、初めて袈裟御前が身代わりになったことを知り、深い悔恨の末、出家して文覚上人となり諸国を放浪することになる、という物語なのですが、私がはっと気づいたのは、中沢桂さん扮する袈裟御前が思い余って、隠し持った白鞘の短刀を取り出し、鞘を投げ捨て自らの長い黒髪を短刀で根元近くからバッサリ切り落とすところで、何と、彼女が鞘を払って、捨てたのは鞘の方で無く、短刀の方だったのです。白木で作った短刀は柄と鞘は僅かに長さが違うだけで注意しないと見間違えることもあり得るので、多分、彼女は間違いに気づかなかったのでしょう。勿論、髪の方は強く引張れば、途中から引きちぎれるようにしてあったので、手にした鞘で髪を斬った芝居をした後、その鞘を捨てて、そのまま芝居は続いた、という訳です。一瞬のことでもあり、薄暗い舞台の遠目で、観客は誰一人、そのミスに気づかなかったのです。これもオペラの中継をして、初めて知った珍事件の一つでした。

もう一つ、これは実名を出すのは、ご本人に悪いので伏せますが、日本では滅多に上演されないオペラなので、その気になって調べれば、すぐ分かってしまうかも知れません。それはヴェルディの「オテロ」が上演された時のことです。ご存じの通り、このオペラの最後のシーンは、オテロが性悪のヤーゴの巧みな罠にはまり、愛妻デズデモナが副官のカッシオとの不倫な関係にあると信じ込み、ベッドの上でデズデモナを絞め殺してしまう凄惨な場面ですが、シュミズと言うのでしょうか、両肩からの細い紐のついた下着に似たネグリジェ姿で横たわっていた美しいデズデモナを抱き起こした時、シュミズの下の部分が足に押さえられていたので、二本の紐がゴムで出来ていて、ビヨ〜〜ンと伸びて、なんと！　美人のデズデモナの可愛いらしいおっぱいが、ピョコンと二つ顔を出してしまったのです。「ワーッ！」と私は試写室でのけぞりました。本番の時は、次のショットに気を取られ見過ごし、試写の段階で気づいたのです。その後、すぐ、デズデモナはオテロに絞め殺されてしまうので、ほんの一瞬ではありましたが、そのまま放送するわけに行かず、総稽古の時、仮収録した映像を繋ぎ込んで何とか、ごまかして放送したことがありました。

第十七話

さまざまな構成番組等を担当していた頃の事件

当時、NHKのテレビには沢山の音楽番組がありました。今の状況は、昔のNHKを知る者には、まるで都会が砂漠化したように見えて、残念でなりません。私が音楽部の下っ端ディレクターだった頃には、立川澄人《すみと》さん、後に清登《すみと》と改名された方が司会し、クール・アベイユというクラシック系のヴォーカル・グループと共にポピュラー曲を歌う楽しいレギュラー番組「音楽をどうぞ」がありましたし、「テレビ・コンサート」というクラシック音楽の器楽、声楽トップクラスの人の出演する番組には、時々「歌劇の主人公達」というサブ・タイトルのついたオペラ・ハイライト集もありました。

他にも、「朝のしらべ」「しらべにお寄せて」「音楽夜話」「芸術劇場」「夜のしらべ」「星のセレナード」「夢のセレナード」「夜のコンサート」「みんなのコーラス」「楽しいコーラス」「音楽は世界をめぐる」「世界の音楽」「音楽の広場」「ピアノのおけいこ」「バイオリンのおけいこ」「フルートとともに」「ギターをひこう」等、勿論、一挙に全部、担当したわけではありませんが、私が三十年間にオペラやバレエの番組の他にディレクターを務めた番組の数々で、一つ一つに懐かしい思い出があります。例えば、「ピアノのおけいこ」の最初の頃のレギュラーの先生、高木東六さん、安川加寿子さん、「バイオリンのおけいこ」の江藤俊哉さん、「フルートとともに」の吉田雅夫さん、「ギターをひこう」の小原安正さん、娘さんの聖子さん、荘村清志さん、鈴木巌さんなど、その道の大先生方とお付き合い出来たのは大変幸せなことでしたが、更に、その後の私の人生に関係が深かったのはコーラス番組で、毎回、各地でグループを組んで合唱を楽しんでいるアマチュア合唱団の方々に出演して貰って、指揮、指導の先生から、曲を練習して、仕上げてゆく過程を放送する番組でしたが、初代の頃は岡本敏明さん、清水脩さん、磯部俶さん方にご出演願いました。「楽しいコーラス」の方は、当時、海外から送られて来て放送したミッチーミラー合唱団の踊りながら歌う番組が大変楽しく評判になったので、その日本版というつもりで東京放送合唱団、通称「東唱」のメンバーで、堀内完さん振付で放送したものです。勿論、前以て録音したテープを流してのクチパク録画でしたが、直立不動でしか歌ったことのない東唱のみなさんは閉口していました。「ヘイコウ」と言っても口は歌っているようにパクパク開けなければなりませんでしたがね。しかし、このようなコーラス番組を担当したことが、後に市民オペラと付き合い、市民合唱団の皆さんに演技をつけねばならなくなった時に、大いに役に立ったと思います。

しかし、いろいろな番組を担当して来て、面白い話はそんなにあるわけでなく、むしろ、お話しても面白くない苦労話ばかりです。まあ、その中で思い出に残る事件と言えば、今から五十八年前の一月、音楽部に移って三年目のまだアシスタント時代、「音楽をどうぞ」と当時人気のコーラス・グループ、ダーク・ダックス出演の「あひるはうたう」と、更にスポーツ部の「スキー教室」という三番組が合同で、山形県の蔵王スキー場ロケに行った時のことです。「面白い」と言っては立川澄人さんに申し訳ないですが、立川さんがロケ中、足の骨を折る事件が起きました。

実は、立川さんはスキーは、殆ど滑ったこともなく下手くそだったのですが、リフトから降りて、山の中腹に立ってカメラに向って手を振る全身の姿を撮り、続いて画面をロングショットに切り替えるや、その立川さんが急勾配のゲレンデを颯爽と雪煙を立てて滑り降りる姿を撮ったのです。勿論、ロングショットに切り替った時の立川さんは、ご本人ではなく同じ背格好で、同じ衣装を着た代わりのベテラン・スキヤーが格好良く滑り降りるシーンを録画して、後で編集して放送する予定だったのです。この時、収録後、急斜面を立川さんが滑って降りるのは危険なので、立川さんを橇に乗せて降ろすことになっていたので、「立川さん、ここで、待っててくださいね、今、下から橇を持ってきますから、いいですね、そこから動いちゃ行けませんよ」と言い含めて、私はゲレンデの下のスキー小屋へ行き、橇を係の人と一緒にえっさえっさと運んで戻って行きました。

ところがところが、立川さんは私達に苦労を掛けるのが申し訳ないと思ったのでしょうか、数十メートル近くまで近付いた時、あれほど言って置いたのに、へっぴり腰で滑り始めてしまい。あっと言う間に、傍らの雪だまりの小山へ突っ込んでしまいしました。それを見た私達は、大変だ、とばかりに雪まみれになった立川さんを引き起こしました。立川さんは照れくさそうに、「イヤー、ごめんごめん、待ちきれなくてね」と照れ笑いして、立ち上がろうとしたら、「いてっ！」と叫び、「いけねえ、捻挫しちゃった」と足をさすって痛そうにしていたので、大急ぎ、橇に乗せ街の外科医の所へ運びました。立川さんは苦笑いしながら、「どうってことないよ。ちょとひねって捻挫しただけさ。」と言っておられましたが、医者が「骨折しています。全治一ヶ月です。」と言った途端、立川さんの顔から見る見る血の気が失せて真っ青になりました。

その後の何回かの「音楽をどうぞ」に出演した時、立川さんは松葉杖をついて登場、お喋りは椅子に座ってとなりました。

第十八話

出演大歌手の身に起きた大事件

このタイトルでは、何やらNHKに出演中に起きた事件みたいに思われそうですが、実は事件の方は、NHKとは全く関係なく、ロシアを代表する名ソプラノ歌手、ヴィシネフスカヤの身に起きた大事件で、起きた場所は日本ではありません、彼女の自伝に書かれている話なので、読まれた方は、ご存じでしょうが、ご存じない方のためにお話しますと、かつて日本へ来て一時期、活躍したロシアのチェロ奏者で指揮者のロストロポーヴィチ氏にはボリショイ劇場のプリマドンナだったガリーナ・ヴィシネフスカヤという素敵なソプラノ歌手の奥方がいました。

彼女が一九六五年、日本へ来た時にNHKのスタジオで、ご主人のピアノ伴奏でチャイコフスキーの歌曲集を歌って貰い、「夜のコンサート」という番組で放送しましたが、

NHK『夜のコンサート』ヴィシネフスカヤとロストボーヴィッチ

その担当ディレクターは、この私でした。彼女は晩年、自伝を発行し、日本でも訳本が出たので、私はそれを読んで知ったのですが、かつて、彼女がトスカを演じた時に、小道具のナイフと本物のナイフとを取り間違え、本物のナイフでスカルピア役のバリトンの耳を傷つけたこともあったようです。それに続いて書かれた大事件は、日時ははっきり書かれていませんが、ウィーンでの公演で、カヴァラドッシがプラシド・ドミンゴ。スカルピアがコスタス・パスカリスだった時、例の第二幕で、トスカがスカルピアをナイフで突き刺した後、後ろに身をそらして下がったため、テーブルの燭台のローソクの火が髪の毛に燃え移ったのだそうです。ロシアでは当時、舞台上では本物の火は絶対使ってはいけないことになっていたので、ヴィシネフスカヤはまさか、そんなことになろうとは

夢にも思っていなかったのですが、パスカリスの方はトスカの頭が山火事状態になって行くのを見て仰天、倒れなければならないのに、我を忘れてトスカの頭の火を消そうと、「火事だ！火事だ！」と叫びながら両手を広げて迫って来たので、ヴィシネフスカヤ・トスカは恐しくなって、更に何度もスカルピアを刺し続けたというのです。オペラの公演に沢山付き合ってきたとは言え、こんな大事件には滅多に出会うものではありません。

そもそも、私が来日した世界一流歌劇場の公演を中継収録、放送の担当ディレクターを務めた一番最初は一九六六年、ベルリン国立歌劇場が日生劇場で上演した「魔笛」でした。そして、最後は一九八七年のやはりベルリン国立歌劇場の「ニュルンベルクのマイスター・ジンガー」。その二十一年の間に、他に私が中継で関わったのはウィーン国立歌劇場、ウィーン・フォルクスオパー、ベルリン・ドイツ・オペラ、ベルリン・コミッシェオパー、バイロイト・オペラ、ハンブルグ・オペラ、ミラノ・スカラ座、ローマ室内歌劇場、メトロポリタン歌劇場、プラハ国立歌劇場、英国ロイヤル・オペラ、ボリショイ・オペラなどで、今にして思うと、随分、沢山の国から沢山の一流オペラ歌手、歌劇場が日本へ来て、その公演を中継放送し、それこそ、素晴らしい舞台を目の当たりに見ることの出来た自分の幸せを思わずにはいられません。最近の海外からの引っ越し公演の減少ぶりを見ると、まるで、夢のようです。

第十九話

ミミは、なかなかのシタタカ娘でした

一九九一年、中部日本放送とジャパン・アーツ共催のベルリン・コーミッシェ・オーパー公演「青ひげ」「ボエーム」「フィガロの結婚」の字幕監修を頼まれ引き受けたことがあります。ベルリン・コーミッシェ・オーパーと言えば、戦後、ドイツが首都のベルリンも国も東と西に分断されていた頃、その東ベルリンに建設されたオペラ劇場で、フェルゼンシュタインというオペラ演出家が、その総監督に就任、数々のオペラ公演で、演劇的に深く掘り下げた名舞台を生み出し大きな話題となっていました。日本のオペレッタ演出家として活躍、オペレッタ協会というプロダクションも主宰した寺崎裕則君はベルリンで、そのフェルゼンシュタインに師事してオペラ演出を学び、師の伝記も書いていますが、実は、寺崎君は私の学習院大学の後輩で、同じ業界のこととて、仲良く付き合っている友人でした。

この時に来日して演出に当たったのはフェルゼンシュタインの後継者のハリー・クップファーでしたが、三つの演目の公演を見て、その演出の独特の手法に、びっくり感心したものですが、特に深く印象に残ったのは、「ボエーム」でした。

セットそのものは、かなり簡略化された物でしたが、第一幕、パリの下町のアパート上階にある若い貧乏詩人ロドルフォと貧乏画家マルチェロの住む部屋に、階下に住むお針子のミミがローソクの火を貰いに訪れるシーンで、普通の演出では、ロドルフォを一人残して、その友人達がクリスマスで賑わうカルチェラタンに繰り出した後、ミミが手燭台に乗せたローソクを持って、火を貰いに訪れるのですが、この公演では、火のともったローソクを手にしたミミが扉の外で、中の様子をうかがい、ロドルフォが一人になるのを今か今か、と待っていて、友達みんなが立ち去ったのを確かめてから、手にした燭台のローソクを吹き消して、扉をノックするのです。ミミが部屋に入ってから、気を失うのも、どこまでがホントなのか分かりません。手にした鍵を落っことして、手探りで彼に手を握られるのも計算通り、すべてがミミの思惑通りに進み、ロドルフォと近づきになることが出来て、一緒にクリスマスの賑わいに手を繋いで行くことに成功するのです。この演出では、余りにもミミがシタタか過ぎるのではないか、と思われるかも知れませんが、考えてみると、このオペラの第四幕、屋根裏部屋に担ぎ込まれてきたミミが、瀕死の病床でロドルフォと二人だけになった時、昔のことを思い出して、つぶやく話の中に、落とした鍵をロドルフォが拾い上げたことを知りながらも、ミミは彼の手の近くに手を伸ばしていたことが分かる台詞があります。そうとなれば、この演出には一層、真実味が感じられます。当時のパリのお針子にとってはセクハラなど、ごく当たり前のパリ貴族社会、その家庭に雇われた住み込みの貧しい美しいお針子が無事でいられるのは珍しい時代だったのではないでしょうか。現に、ロドルフォと別れたミミがすぐ、貴族の馬車に乗って派手な格好をして通るのをマルチェロは見た、と言っています。とすると、このクップファーの演出は大いにあり得ることで、この方が、本当らしいと感心せざるを得ないのです。

「トスカ」「ボエーム」とプッチーニの作品でのエピソードを書いてきましたが、ここで、ちょっと閑話休題的に、私とプッチーニとの不思議な縁についてお話しましょう。

一体、作曲家のプッチーニは、どうして、「蝶々夫人」という、当時ヨーロッパでは殆ど知られていなかった、日本での悲劇を見つけ、日本のメロディーを使って、オペラ化することが出来たのでしょう。これについては、私のプロダクションが毎年、年頭に発行している活動報告・予告の情報紙「NOP　NEWS」、二〇一八年発行、第二十三号に掲載したので、それをお読みになった方には重複しますので、お許し下さい。

ご存じの方も多いと思いますが、オペラ「蝶々夫人」の出発点は、アメリカの作家ジョン・ルーサー・ロングが書いた同名の小説をもとにしていますが、ロングはサラ・コレルというお姉さんが宣教師の夫と共に布教のため、日本の長崎に渡り、そこで見聞したことを弟に話して聞かせたので、その話から小説に仕立てたのです。当時はヨーロッパでは日本は未知の不思議な国と思われていたので、デイヴィッド・ベラスコという劇作家が芝居にして一九〇〇年、明治三十三年三月に舞台初演されるや、大評判となり、その三ヶ月後にイギリス・ロンドンでも上演され、丁度、その頃、ロンドンに滞在していたプッチーニも、その公演を見て大感激、オペラ化を思いついたということです。しかし、プッチーニは日本の国情や風俗については全く知らず、その土地での情景を描写するのに不可欠な音楽についても全く知りませんでしたので、当時、親交のあったローマ駐在の日本大使夫人、大山久子に話を聞き、日本の音楽、民謡等についてては、そのような曲の入ったレコードを貰って研究したそうなのですが、どの音楽はどのような場合に演奏されたり、歌われたりするか迄は教わらなかったらしく、出来上がった「蝶々夫人」の中では、変なところで越後獅子のメロディーや「宮さん、宮さん、お馬の前で」が出て来たり、「君が代」が出て来たりで、日本風の雰囲気はかきたてていますが、プッチーニが、どのメロディーは、どのような情景に相応しいと言うことまでは大山夫人から教わらなかったことは歴然です。

実は、この大山久子の娘が、同じ外交官で国際連盟で活躍した澤田節蔵と結婚、その末娘の菊子が私の母の兄嫁だったのです。ややこしいですが、つまり、私の母方の祖母がプッチーニに日本のメロディーを伝えたという、不思議な不思議な縁なのです。

第二十話

「名曲アルバム」取材で見聞した珍談奇談　その一

フランスで。

これは中継ではありませんが、「名曲アルバム」ロケで海外へ行った時の忘れ難いエピソードをご紹介しましょう。この第四話の「カルメンが愛した花」のところにも書きましたが、一九七九年、私が四十八才でやっと管理職待遇になった年の五月半ばから二ヶ月間、ヨーロッパで二十本分の「名曲アルバム」素材収録を命じられました。平社員は十五本でしたが、「お前は管理職になったのだから、二十本撮って来い」とのこと。先ず、曲目選び、五分間の枠に収める工夫、それに因む土地の調査、それが決まれば、その国の大使館、領事館へ出向いての取材許可、現地での通訳兼案内人の交渉、交通手段や宿泊ホテルの手配等々を済ませ、カメラ・マンと二人だけで出発するのです。当時は未だヴィデオが普及する以前で、カメラはフィルム時代、上手く撮れたかどうかは、その場では分からず、東京へ送り返し現像してからでなければ分からない、つまり、帰国してからでなければ、分からない、という時代でした。取材地は先ず、フランスに始まり、イタリア、オーストリア、スペイン、ドイツと五ヶ国を巡り、結局は頑張って二十六本分収録しました。

私のことですから、選んだ曲は、やはりオペラに因む曲が多く、ここで、ご紹介するのはヴェルディの「椿姫」取材でパリへ行った時のお話です。

映像では、このオペラの原作者であるデュマ・フィスの銅像に始まり、原作のモデルだった高級娼婦で当時、社交界の人気者だったマリー・デュプレシスとデュマ・フィスとがよく逢引きの時に利用したレストランやマドレーヌ通りにあったデュプレシスの住んでいた家、そして、最後にデュマ・フィスとデュプレシスのお墓で終わっているのですが、実際のロケは勿論、順序不同です。レンタカーで、そのモンマルトルにある二人のお墓を撮影に行った時のこと、カメラマンと二人で、広い墓地のあちこちを探し回った末、やっと、大きな石棺をかたどった形の立派なデュプレシスのお墓を見つけました。そこには、なんと生花の束が三つ四つ置かれていました。今もお参りする人がいると言うことですね。それを撮影し終えて、デュマ・フィスのお墓の方へ行こうとしていた時、背後でピッピッと呼びこ笛がなり、制服制帽のでっぷり太った、下膨れ顔、

取材中の私と平岡康一郎カメラマン

チョビ髭の警官が近付いてきて、撮影をしてはいけない、と言うのです。そこで、私は観光局から貰った許可証を見せたところ、その許可証をなめるように調べた末、デュ・プレシスの名はあるが、デュマ・フィスの名は無いから、もう帰れ、と言うのです。そこで、私は自分のうっかりミスに気づき、警官に「今日は観光局は休みの日だし、私達は遙か遠くの国からわざわざ、撮影に来ているのだから、お目こぼししてくれないか」と頼んだのですが、首を横に振るばかり、仕方なく、帰りかけると、その警官が墓地の入り口近くの詰め所まで車に乗せて行け、というのです。しかし、彼は乗ると直ぐ、入り口の方へ向おうとする私に、「違う違う、そっちではない」と、別な方向へ向わせ、石造りの小さなほこらのような墓の前で車を止めさせ、「これは日本へのオミヤゲだ、但し、急いで撮り終えるんだぞ」と言ってから、ウインクしました。私は感謝感激、大急ぎで、そのデュマ・フィスの墓を撮影し終えて、撮影協力者用に用意して持ってきていた真珠玉付きの小さなネクタイピンを、彼に「メルシー」と言って手渡したら、彼はそれをちらっと見て、辺りを見回した後、急いでポケットにしまい、ちょっと肩をすくめて素知らぬ顔、再び車に乗って、入り口へ向って幾らも行かない内に、急に車を止めさせ、墓地で写真を撮っている旅行客らしい人の姿を見つけ、ピッピッと笛を吹いて、そちらの方へ去って行きました。別の小遣い稼ぎ口を見つけに行ったのでしょう。その後姿を見て、私は流石、フランスの警官には生きた人間の血が通っているなあ、と嬉しくなったものでした。

第二十一話

「名曲アルバム」取材で見聞した珍談奇談　その二

イタリア、オーストリア、スペインで。

このフランス取材の次はイタリアで、ヴェルディの「リゴレット」の舞台となったマントヴァや、「トロヴァトーレ」の曲に乗せて紹介する、ヴェルディの生家のあるロンコレや彼が晩年住んでいたブッセートでロケしましたが、丁度、偶然にも、その時、ブッセートでは世界中から新進歌手が集まり、NHKイタリア歌劇公演で日本でもお馴染みのジュリエッタ・シミオナートが審査委員長でヴェルディ・コンクールが開かれていたので、私もカメラマンと共に聴きに行きました。そしたら、何と、日本から三人の歌手が参加していて、二人とも私が二期会に頼まれて指導に行っていた時の研究生で、このコンクールで一位なしの二位がテノールの山路芳久君、彼の声はレッジェーロという声で、ヴェルディの曲向きのドラマティコでなかったので一位になれなかったけど、このコンクールがドニゼッティ・コンクールだったら、当然、一位だったと言われていました。ソプラノの片岡啓子さんが三位、出口正子さんが四位で、現地では日本人の新進歌手が三人も上位入賞した、と大きな話題になり、私も大変、誇らしく思いました。次はイタリア南部のナポリ湾に面したサンタ・ルチアで、それこそ、「サンタ・

ルチア」民謡に乗せて、その風光明媚な景色を撮りに行ったのですが、当時、ナポリには泥棒が沢山いるから気をつけろ、と言われていました。実は、私より何年か前に「名曲アルバム」取材に行ったスタッフがハイヤーに乗ってナポリへ向う高速道路を走行中、後から来たスポーツ・カーのフィアットが突然、手を振って追い越して前に割り込んで停まったので、どうしたのかと思ったら、その運転手が下りてきて「話があるから、窓を開けろ」と合図するので、窓を開けたら、途端に、カメラマンが抱えていたカメラをふんだくって、車に駆け戻り、猛烈なスピードで逃げ去った事件があったので、私は取材に着てきた背広もジーンズに着替え、ボールペンを逆手に持って絶えず身構えて行きました。そのせいか、無事、ナポリ湾もサンタ・ルチア寺院のマリア像も収録できましたが、昼食を取ったレストランで、隣のテーブルに座ったアメリカからの旅行客の老夫人が、ハンドバックをテーブルに乗せ、椅子を引き寄せようとした途端、通りかかったオートバイの荷台に座っていた若者が、飛び降りて、そのハンドバックを引っさらい、オートバイに飛び乗り、あっと言う間に、他の自動車の間をすり抜けて走り去ってしまいました。老夫人は「キャアーッ」と悲鳴を上げ、傍らのイタリア人男性に「追っかけて」と助けを求めましたが、男は「無駄だよ」と肩をすくめるばかりでした。そう言えば、この辺はオートバイが多いな、と思い注意して、そのプレートを見たら、何と、その殆どが日本のホンダ製、カワサキ製なのに、びっくり、そんな、ひったくり強盗にも人気が高いとは…、何だか申し訳ないような気がしたものでした。

イタリアの次はオーストリア、オーストリアと言えば、音楽の都ウィーン。そこでは当然、既に他のディレクターによる「名曲アルバム」も何本もありましたが、私はベートーヴェンが最後を過ごした郊外のハイリゲンシュタットも取材しました。ベートーヴェンという人は余程、神経質な人だったようで、五十六年の生涯の内、三十四年をウィーンで過ごしたそうですが、その三十四年の間に三十回以上、引っ越しを繰り返したそうです。余談はさて置き、ウィーンの次はザルツブルクへ行きました。ここでも当然、モーツアルト所縁の地として、「名曲アルバム」用に何ヶ所か収録しましたが、その後、郊外のオーベンドルフで、日本で人気の高いクリスマス・ソングと言うか、賛美歌の「きよし、この夜」が生まれた教会堂を取材しました。

樅の木林の中に立つ八角形の白壁のお堂で、その中に、キリスト生誕のリリーフ彫刻画と、この歌が、どうして生まれたかを描いたステンドグラスがありました。一八一八年のクリスマスが近い頃、モールという名の神父様が、教会のオルガンが壊れて困り果て、急遽、自分で歌詞を書き、近くの小学校の音楽教師だったグルーバー先生に作曲を頼み、ギター伴奏の合唱曲としてクリスマスに歌ったところ、大評判となり、世界中に広まった、と言うことでした。この取材の記録は、朝日新聞から依頼を受けて、一九八一年のクリスマス近くの十二月十九日、大阪版に全紙面の四分の一程のスペースで、教会堂の外観と内部の写真と共に大きく掲載されました。

　オーストリアの次はスペインで取材しましたが、そこで、もう一つ面白い経験をしたので、ご紹介しましょう。それは「セビリアの理髪師」序曲の音楽に乗って、スペイン南部、アンダルシア地方の大都市セビリアに行った時のことです。セビリアは面白いことに、「カルメン」の舞台にもなり、「ドン・ジョヴァンニ」の舞台にもなっていて、ここの闘牛場の前にはカルメンの小さな銅像があり、別の街角には「ドン・ジョヴァンニ」の銅像もありましたが、「セビリアの理髪師」の主人公フィガロの銅像はありませんでした。しかし、床屋さんはありました。

　スペインでは一般的に昼休みをシエスタと言って、たっぷり二時間、時には三時間もとって、昼ご飯と昼寝をする習慣があることを知りまし

『きよしこの夜』が誕生したオーベンドルフの礼拝堂

た。観光局提供のハイヤーの運転手も、ごく当然の顔をして、休憩時間を取って自宅へ帰ってしまうので、或る時、その休憩時間に私は話の種に、丁度、髪が大分伸びていたので、街角の床屋に入りました。つまり、セビリアの理髪師に散髪を頼んだのです。私が鏡の前の椅子に座ると。四十才位のでぶっちょの理髪師は、私の首にタオルも巻き付けず、いきなり、大きなエプロン布を広げて掛け、髪に櫛で分け目をつけ、鋏でジョキジョキ髪を刈り始めました。数分の後、鋏を置いたので、私は、さあ、これで粗刈りが済んだから、愈々、これから仕上げ刈りだな、と思っていたら、さっとエプロンを取って、「さあ、終わったよ」と言うのです。唖然としている私の前に、彼は手を突き出し、代金を要求しました。代金を払って外に出て、私はびっくり。まあ、背中、首回りのチクチクしてむずかゆいことと言ったらありません。手で背中を掻いたら、手に髪の毛の切り屑がべっとり、大急ぎでホテルへ帰り、頭からシャワーを浴びて、やっとさっぱりしました。やー、これぞ「セビリアの理髪師」か、とおかしくてたまらなくなった次第です。

第二十二話

人づてと、直接に聞いた藤原旦那の面白話

NHKは毎年一月三日の午後に二時間にわたるナマ放送で「ニュー・イヤー・オペラ・コンサート」という番組があり、今も続いているようですが、私が担当したのは今から四、五十年も前のことです。ご存じの方もいらっしゃると思いますが、途中にオーケストラを十分乃至十五分休ませなければならない時間帯があり、その部分を何で繋ぐかは担当ディレクターのアイディア次第で異なり、小さなアンサンブルやソロの演奏で楽しんで貰ったり、ゲストを招いてのインタヴューだったり、色々でしたが、私が担当した、確か立川清登さんと加茂さくらさんが司会だった時と思いますが、出演歌手へのインタビューと、私があちこちで取材して得たオペラ面白話をネタにお喋りを、お願いしたことがありました。私が拾ってきた、その面白話の一つをご紹介しましょう。

かつて、藤原歌劇団は吉田音楽事務所が事務一切を仕切っていましたが、そのトップの座にいた吉田昇さんとは親しくしていたので、ニュー・イヤー・オペラ・コンリートの中間部の話題になるような藤原さんにまつわる何か面白いオペラ裏話はありませんかと伺った時のことです。藤原義江さん、私達仲間内では「藤原旦那」という愛称で呼んでいましたが、その現役時代のお話で、とにかく世間一般には「我等がテノール、藤原義江」と呼ばれて大変な人気者で、いろいろなオペラに出演しなければならなかったのですが、メロディーは憶えられても、歌詞が中々憶えられなくて困っておられたそうです。特に新しいオペラの時には、オーケストラ・ピットの中のプロンプター・ボックスにお弟子さんが入って、オペラの上演中、オペラの歌詞を小声で歌って藤原さんに伝えていたのですが、オーケストラの伴奏が盛り上がって来ると、そのプロンプターの声が聞き取れなくなるらしく、藤原さんが「もっと大きな声で、もっと、もっと」というサインを送り、遂には、藤原さんは口をパクパクさせるだけで、後半、殆どプロンプターのお弟子さんが歌い切ったこともあった、という、嘘のようなホントのお話を聞きました。

更にもう一つ、これは伴奏ピアニストとして評判の高かった三浦洋一さんから伝え聞いたお話ですが、藤原さんの日本歌曲のコンサートで、山田耕筰さんの有名な「からたちの花」を歌った時のこと、「からたちの花が咲いたよ〜」の後、当然、「白い白い花が咲いたよ〜」と続くと思っていたら、藤原さんは「あ〜あ、そうだよ、いつか来た道」と、やはり山田耕筰さんの似たようなメロディーの歌「この道」に平然と乗り換えてしまい、三浦さんは大慌てでフォローしたというのです。お客さんは笑いながら大拍手、藤原さんは楽屋に戻るまでは気が付かなかったようで、得意満面だったそうです。

藤原義江さんと言えば、もう一つ、これは「人づて」と言っても他人ではなく、父から聞いたお話をさせて貰います。私の父については、「はじめに」の文章の中にちらっと書きましたが、一高、帝大を卒業して高等文官試験を優秀な成績で通過、二十六才の若さで仙台税務署長に任ぜられ、その地に赴任した時、或る宴会の席で藤原義江さんと偶然同席、歌好きの二人が「サンタ・ルチア」や「女心の歌」などを大声で歌って楽しんだ、ということを聞いたことがあります。藤原さんは明治三十一年生まれ、父は明治三十年産まれで同年代だったのですが、当時、藤原さんは海外での演奏活動での評判が高く、「我等がテノール藤原義江」と、日本でも人気がぐんぐん高まりつつある時のことでした。

藤原さんには私も何回もお会いしたことがあります。藤原歌劇団のオペラ公演を中継するには、その立ち稽古を何回も見に通い、歌手達の動きを細かく譜面に書き込んで、それを元にカメラマン達が見る収録台本を作成しなければならないからです。

当時、藤原さんは現役から退き、歌劇団のトップとして公演全体を監督する立場にあったので、六本木の俳優座裏側の道筋にあった事務所に付属していた稽古場の稽古にも立ち会っておられ、よく、そこで、お会いしたものでした。

そんな或る日、藤原さんに誘われて新橋の小川軒という料理屋に行ってステーキ肉をご馳走になった時のこと、藤原さんは一杯機嫌で、「杉君、シャリアピンが好んだステーキはシャリアピン・ステーキと呼ばれているが、ここのステーキは藤原ステーキって言うんだよ、旨いだろう。ハハハハハ」と言われ、更に、「杉君、この世の楽しみは何てったって、旨い酒を飲み、旨い食い物を食い、そして美しい女性と恋をすることだね、ハハハハ…」と高笑いされ、日本のドン・ジョヴァンニ、ドン・ファンの面目躍如たるものがあるな、と感じ入った懐かしい思い出があります。

第二十三話

スタジオ・オペラ貴重骨董品発掘の経緯

テレビで放送されるオペラ番組は大きく分けて二種類、舞台で公演されるオペラをナマかヴィデオ収録してタイトルや字幕をつけて放送する場合と、事前にオーケストラ伴奏で録音した音声を再生しながら、映画と同様にテレビ・スタジオに組んだ舞台セット前、或るいは屋外ロケで収録した映像を編集して放送する場合とがあります。いずれにしても収録するには、テレビの初期の頃はキネコと呼ばれる、音声も同録できるフィルムに記録されました。

その後、ヴィデオ・テープの時代が来て、その初期は二インチ半という、幅六センチ程の、一巻の直径三十センチ余もある茶色のテープに映像音声共に記録されるようになり、貴重な放送記録、再放送の可能性の高い番組が収録され、資料部に保管されました。しかし、NHKの放送は早朝から夜半近くまで、毎日、大変な数の番組が放送され、また、記録に残される番組も多かったので、資料部の棚は忽ち一杯となり、再放送の可能性の低い、再放送著作権支払い困難な古いキネコ・フィルムはどんどん破砕処理に回されました。その頃、私と同期に入局し資料部で働いていた友人が、「杉君、今度、第一回から第三回頃迄のイタリア歌劇公演のフィルムを廃棄することになったが、いいのかね」と聞きにきたので、びっくり仰天、「トーンデモナイ　あんな貴重品を！」と言ったものの、では、どこに保管するか、音楽部の棚はどれも一杯でしたから、仕方なく、部長の許可を得た上で、私の私物ロッカー、コートや傘や長靴などを入れるロッカーに背の高さほどに積み上げて入れ、私のコート類は机の下に押し込みました。

ところが、それから、数年の後、それは昭和五十七年、一九八二年の九月にマリオ・デルモナコが亡くなりました。ＮＨＫイタリア歌劇公演の第二回、第三回に来日し、そのドラマティックな歌声と、男性美溢れる容姿で忽ち、日本にも沢山のオペラ・ファンが出来た名テノールだったので、私は、その追悼番組を作るよう命じられました。

私の頭に真っ先にひらめいたのは、ロッカーに入れて保管してあるフィルムのことでした。来日したデル・モナコの名を不動なものにした「オテロ」のタイトルロールを演じた時の特にラスト・シーン、オテロの地位を狙う腹黒い男の口車に乗せられ、オテロが最愛の妻デズデモナが不貞を働いていると思い込んで絞め殺した後、初めて、その過ちに気づき短剣で自らの胸を刺して死ぬ凄絶なラスト・シーンを追悼番組に挿入しました。そうしたら、その番組を見た沢山のオペラファンから感動したという電話や投書が多く寄せられ、是非、あの時の「オテロ」全曲を、いや、他にもイタリア歌劇公演のフィルムが残っているのなら、そのオペラの映像も放送して欲しいという注文がどっと届きました。

その結果、昭和五十九年、一九八四年がNHKの教育テレビ放送開始二十五周年に当たることから、その記念番組として五回にわたる「思い出のイタリア歌劇公演シリーズ」の担当を命ぜられ、第一回から第三回迄の名場面集やハイライト版などを放送して、多くのオペラ・ファンに楽しんでいただくことが出来たのです。

そして、その副産物と言っては失礼かも知れませんが、積み上げたフィルム缶の中に驚くべき貴重珍品が眠っていたのを発見したのです。

第二十四話

テレビ・スタジオ・オペラの思い出

それは何と、我等がテノール、藤原義江さんの白黒の映像でした。ＮＨＫがラジオの時代からテレビの時代へ変わった頃、音楽部のディレクターだった福原信夫さんの作品です。僅か二十分程の短い放送番組でプッチーニの「ボエーム」の中の「冷たい この手」のアリアから「私の名はミミ」そして、それに続く愛の二重唱。ミミを演じているのは戸田政子さん、当時、藤原さんは既に六十才頃だったと思いますが、確かに声は衰えていますが、恋人ミミを誘う優しい身振り手振りは、流石と思わせる程みごとでした。同じように二十分に纏めた「カルメン」は、カルメンを演じて一世を風靡した川崎静子さん、ドン・ホセは柴田睦陸さん、エスカミーリョは大橋国一さんといった顔ぶれでした。

この福原さんのアシスタントを務めた平田馨さんが、ディレクターとして活躍した時、私は、そのアシスタントを務めました。

テレビのディレクターは通常、プログラム・ディレクター、略してＰＤと呼び、そのアシスタントはフロア・ディレクター、略してＦＤと呼んでいましたが、私が平田さんのＦＤでスタジオ収録、放送した作品は「テレフォン」（立川澄人・三浦尚子）「オルフェウス」（松内和子・日高久子・加納純子）「ウインザーの陽気な女房達」（友竹正則・竹原正三・木内清治・梅村聖子・戸田敏子・大賀寛）「トスカ」（砂原美智子・宮本正・宮本昭太）「道化師」（柴田睦陸・毛利準子・秋元雅一朗・石津憲一）「カヴァレリア・ルスティカーナ」（中沢桂・沢田文彦・浅野久子・原田茂生）「セロ弾きのゴーシュ」（島田恒輔・友竹正則・鐵弥恵子）などで、私がPDになって放送したのには「愛の妙薬」（中村健・斎藤江美子・宮本昭太）「コルヌビルの鐘」（栗本正・浅野久子・島田祐子・鈴木寛一・竹中治利）「外套」（栗林義信・佐藤暉子・丹羽勝海）等があり、それにザルツブルク・テレビ・オペラ賞に出品した「死神」「鳴神」が続くというわけで、出演した歌手の皆さんの顔ぶ

れは、当時、オペラ・ファンだった方々には懐かしいお名前の数々だと思います。

同じオペラの映像でも、テレビの場合と映画の場合とでは作り方が大きく異なります。いずれも、前以て音声スタジオで音だけ収録した録音テープを作るのは同じですが、映画の場合は、その音を流してスタジオやロケーション先で一台のカメラを据え、ショット毎にカメラを移動して映像を細切れで取って行き、後で、それを一本のフィルムにダビング録画し、編集して仕上げるのですが、テレビ・スタジオ・オペラの場合は、録音音声を再生しながら、何台かのテレビ・カメラで或る程度連続して画、音同時に収録します。いずれにしても歌手は譜面を見ながら前以って録音出来るので、演技の時は、それ程、音

『外套』若妻（佐藤暉子）の浮気に苦しむ船長（栗林義信）

符に気を取られず演技に神経を集中させることが出来るのがメリットですが、ただ、その収録方法に慣れてない人は、屡々、音と口とにズレが出来てしまいます。まだ、口が、その音を発声する口になってないのに、何故か、その音が先に出る、或いは音が出た後で、その音の出る口の形になる、といった具合です。そこで、スタジオ・オペラの収録方法が進歩した頃には、映像収録時、スタジオに音声を流した一瞬後に映像を録る、と言った技法が採り入れられ、口パクのズレを解消するようにしました。

第二十五話

椿山荘　日本庭園でロケーション収録の「蝶々夫人」「修禅寺物語」

JRの目白駅を降りて、学習院大学の前を通り過ぎて十分程歩いたところに広大な日本庭園の中に立つ椿山荘という建物があるのをご存じでしょうか。今はホテルとなっていますが、大もとは明治の元勲山縣有朋の邸宅だったそうで、私が音楽部に移る前、美術部制作進行課員として大道具、小道具、衣装、鬘等の調達に走り回っていた頃、先輩の平田馨ディレクターの指示のもと､そこでオペラ「蝶々夫人」「修禅寺物語」ロケ収録の下働きで走り回ったことがあります。その時の蝶々夫人は砂原美智子さん、ピンカートンはアリゴ・ポーラさん。このアリゴ・ポーラという人は、パヴァロッティの声楽の先生だったそうで、一九六〇年初頭の頃、来日、藤原歌劇団の「カルメン」「トスカ」などにも出演していたテノールで、領事役のシャープレスは坂本博士さんでした。「修禅寺物語」のロケには作曲者の清水脩さんも立ち会われたので、私もお知り合いになれて、後年、私が「みんなのコーラス」という番組を担当した時、広島での清水さんの作品の合唱曲を歌う団体の収録にご一緒していただき、空いた時間に宮島の浮島神社にお参りに行ったこともありました。「修禅寺物語」というオペラはご存じない方も多いと思いますが、今の伊豆半島の修善寺、かつては「善」の字は禅宗の「禅」という字を使っていた村での物語です。

『修禅寺物語』源頼家（柴田睦陸）と側室のかつら（栗本尊子）

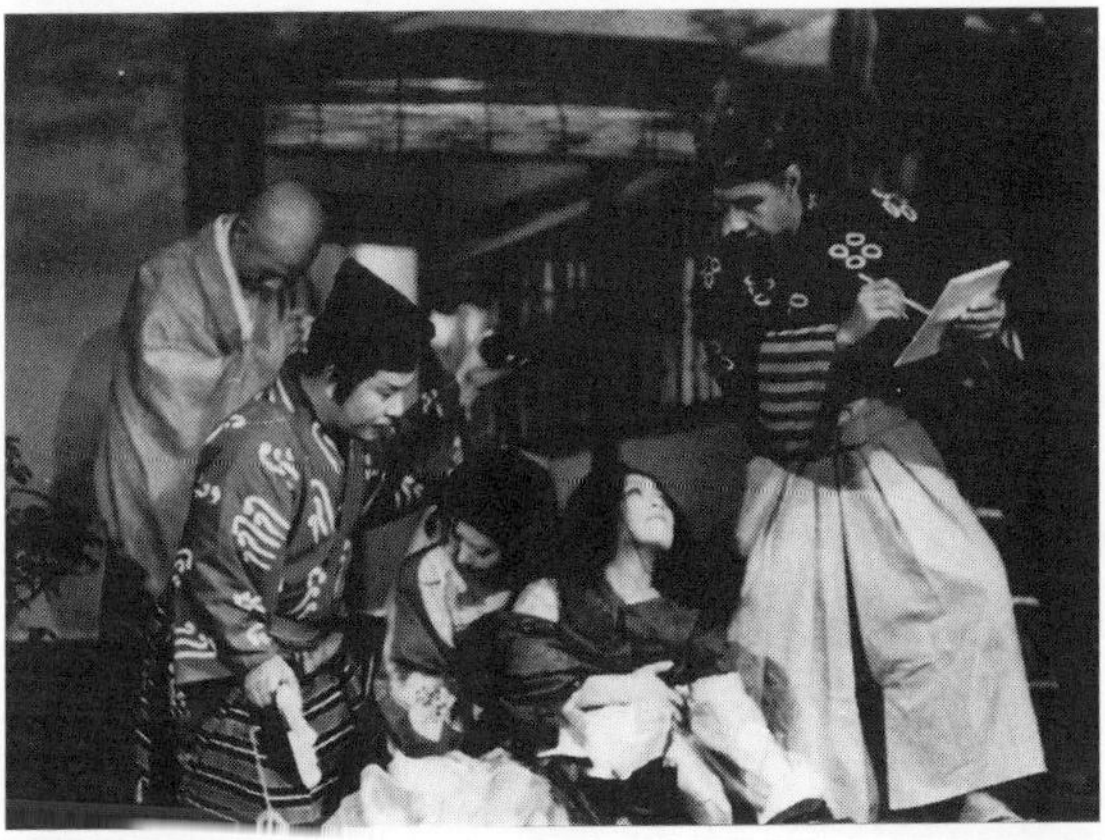

『修禅寺物語』瀕死の娘（栗本尊子）の顔を描きとる面作師の夜叉王（秋元雅一朗）

昔、その修禅寺に、夜叉王と呼ばれた、木彫りのお面を作る名人がいて、或る時、時の将軍源頼家がお忍びで、その夜叉王のところを訪れ、自分の面、つまり顔を彫らせます。ところが、その名人がいくら彫りなおしても、作った面に死相が現れ、献上しそびれているので、待ちくたびれた頼家が催促に訪れ、夜叉王は未完成と言うが、どう見ても仕上がった自分の面を見て満足して無理矢理取り上げ、更に、そこで出会った夜叉王の娘かつらを気に入って連れて帰り側室にします。ところが、間もなく北条勢が押し寄せ、頼家の命が危なくなった時、かつらは例の面をかぶり、「我こそは頼家」と名乗って薙刀を振るい身代わりになって敵をおびき寄せて戦い、傷ついて父夜叉王のもとに迄、逃げ延びて来て息絶える。頼家の死も伝えられ、夜叉王は、自分の作った頼家の面に何遍作り直しても死相が出たのは、自分の腕前に間違いがなかったからだ、と満足する、というお話。

この時の頼家はテノールの柴田睦陸、側室かつらはメゾ・ソプラノの栗本尊子、夜叉王は秋元雅一朗の皆さんでした。セット費用節約の意味もあって、目白にある椿山荘に交渉して、その庭園の中の茶室を面造りの工房に仕立て、園内の森林の中の渓谷にかかる擬宝珠のついた古い橋のあたりで道行きシーンを、小高いところに立つ三重塔の付近では、チャンバラ・シーンを収録した懐かしい思い出があります。

第二十六話

マエストロ・カラヤンを驚かせたＮＨＫ技術

世界トップクラスの指揮者として有名だったヘルベルト・フォン・カラヤンがＮＨＫ交響楽団の招きで初来日して日比谷公会堂でベートーヴェンの「運命」やチャイコフスキーの「悲愴」などを指揮したのを全国にナマ放送したのは昭和二十九年、一九五四年のことで、当時、このようにオーケストラの演奏会を直接ナマ放送することは、欧米のどこの国でもなかったので、日本の技術に来日スタッフも驚いていました。カラヤンは、その三年後の一九五七年には、今度はベルリン・フィルハーモニーと共に、更に、その二年後の一九五九年にはウィーンフィルハーモニーを引き連れて来日して日本の音楽ファンから熱狂的な拍手喝采を受けました。私は、そのＮＨＫホールで行われたウィーン・フィル演奏会をナマ放送した時に、未だ音楽部に配属されて新米ホヤホヤの時でしたが、その中継スタッフの一員のアシスタントとして、現場に立ち会うことが出来たのです。

カリスマ的な雰囲気のあるカラヤンの指揮ぶりは、それはそれは見事でしたが、この中継放送について面白い思い出があります。それは、カラヤンが、第二回目の来日の時だったと思いますが、演奏後、記録用に収録したフィルムの映像を見て、日本の技術レベルの高さに感心して、オーケストラのメンバーに「日本人はすごい、カメラ・マンが皆、シンフォニーのスコアを読むことが出来て、それを見ながら映像の対象やサイズを撮影している。」と話しているのを聞いた音楽部の人が、カラヤンに「カメラマンが見ているのはフルスコアではなくて、この収録コンテ台本ですよ」と言って。そのコンテ台本を見せたら、カラヤンは大変驚いて、是非、それが欲しいと言うので、一冊進呈したのだそうです。

ＮＨＫの、このオーケストラ収録の技法というのは、実は敗戦後、ＮＨＫが進駐軍の統制下にあった時、イギリスのＢＢＣという国営放送が、テレビ放送の先陣を切っていて、後続の他の国の放送局は、その収録放送技術を学び採り入れていたの

です。

何台かのカメラはスタジオ或いは会場にセットされ、ディレクターはスコアを追いながら、そのカメラから送られてくる映像を中継車の中、スタジオの場合は副調整室に据えられたモニターを見てレシーバーを通じてカメラマンに指示を出し、カメラを切り替えるのは、隣の席に座ったスイッチャーと呼ぶ技術者に合図を送るのです。ディレクターはスコアに書き込んだ、どこの部分でどの演奏者を、どれ位のサイズで録るか、どこでズームアップするか、或いは、ズームバックするか、の書き込みを目で追い、次のショットの映像がキチンと撮れているかも見るのですから、一瞬たりともウカウカしていられません。

カメラマンがカメラの横に取り付けた小さな棚に乗せて、目で追うのはスコアではなく、グラフのように縦横に引かれた線の上に書かれた文字で、例えば、Aカメラは何分何秒から何分何秒まで、どの楽器演奏者を、どれ位のサイズで撮るかを目で追い、次のBカメラは、どの演奏者をどれだけのサイズで撮って待っていればいいかを台本から読み取って待つ、と言う具合に進むのです。

カラヤンは、このオーケストラ収録法が大変気に入ったようで、そのNHKから手に入れた台本を参考にして、自ら指揮する演奏会を次から次へと映像に録り、それを販売して、大儲けしたと言われています。

第二十七話

エエーッと驚く今村昌平のオペラ「死神」台本

当時、テレビ・オペラにはオーストリアのザルツブルク、モーツアルトの生誕地として有名な都市で世界十数カ国が参加する国際コンクールが一九五九年以来、二年おきに開催されていました。その第二回目の一九六二年には、私の先輩の金津俊治さんが出品した入野義朗作曲「綾の鼓」がグラン・プリを獲得しました。そして、私が一九七一年に出品した池辺晋一郎作曲の「死神」が二位にあたる優秀賞を獲得、続けて、その三年後には間宮芳生作曲の文楽人形オペラ「鳴神」でグラン・プリを取ることが出来ました。

この「死神」制作についての裏話をしましょう。

テレビの場合、ディレクターは演出家の面と製作者の面とを合わせ持っていなければなりません。映画も独立プロの場合はテレビと似ていますが、一つのオペラを、この世に産み落とすには先ず、ネタ探しです。どんなネタがいいかは、そのオペラがどう言う状況で上演、或いは上映されるかを念頭に置かねばなりません。国際的コンクールの場で見られるとなれば、国際的に通用するストーリーであると同時に、日本的な特異性、物珍しい面も持たさなければなりません。そのような観点から、私は子供向きの童話から、昔話、伝説、古典文学、歌舞伎、講談、浪曲、能狂言、古典落語等々を読み漁る内に、「おやっ？」と思う話にぶつかったのです、それが落語の「死神」でした。甲斐性のない貧乏な男が、仕事にもありつけず、女房に迄、馬鹿にされて、今や川に身を投げて死ぬしかないと、川っぷちに行くと、柳の根方からヨボヨボの老人姿の死神が現れて、「俺の言う通りの医者になれば、お前は大金持ちになれるぞ」と言って、死にかかった病人をおまじないで治す方法を教える。男は大金持ちになるが、やってはならないことをして、死神に密室に連れて行かれる。そこには何万何千とも知れぬロウソクの火が灯されていて、それが人間の寿命を表しているのだと、死神から聞き、更に「この短く、今にも消えそうなのが、お前の命」と言われる。何とかしてくれと頼むが、

死神が断って去った後、男は新しいローソクを見つけて、自分の短いローソクの火を移して、命を永らえようとする、というストーリー、これは奇想天外な面白い話。

一体、誰がこんな話ネタを考え出したのだろう、と調べると、これは幕末から明治にかけて新作落語を次々と生み出して評判の高かった初代三遊亭圓朝の作で、元はグリム童話の中の「靴直しクリスピーノの名付け親」から来ている、というのです。更に調べると、これは十九世紀前半に活躍したイタリアのルイージ・リッチという作曲家が、その童話を元にしてオペレッタ「クリスピーノの靴直し」を作曲し、その公演をヨーロッパで見てきた人が、圓朝に、そのストーリーを話して聞かせ、興味をかき立てられた圓朝が日本風に焼き直し、創意を加えて仕上げたのだ、ということが分かりました。

よし、それなら、この話に更に一工夫を加えて、現代風に新しい作品を生み出せば、ヨーロッパでも通用し、面白がって見て貰える公算が大きい、と考え、私は改めてのオペラ化に取りかかりました。

先ず、台本を誰に頼むか、と考えた時、真っ先に頭に浮かんだのが今村昌平さんでした。彼は、その頃、「豚と軍艦」「にっぽん昆虫記」等を自ら脚色監督し、世間というか、人間を風刺する作品を世に問うて、センセイショナルな話題を提供した逸材として注目を浴びていました。

しかも、彼は私が日活撮影所の宣伝課員だった頃、スタジオで何回か顔を合わせたこともあり、私の従兄弟が早稲田大学在学中、学徒出陣で海軍航空隊に入隊し、特攻隊員候補なった時、今村昌平さんのお兄さんと一緒になり、そのお宅にも行き来して、弟の今村さんを「昌平ちゃん、昌平ちゃん」と呼んで親しんだ、と聞いていたので、親近感を持ち、付き合っていたのです。

今村さんは、私の依頼を喜んで引き受けてくれました。では、作曲家は誰にしようか、考えを巡らせ、現代音楽番組担当の先輩や同僚の意見を聞いて回りました。その結果、当時、芸大の作曲科大学院生で、音楽コンクールでも優秀な成績を収め、放送劇や芝居のバック・ミュージックを作曲して好評を博している池辺晋一郎さんの存在を知り、交渉したところ、喜んで引き受けて貰えました。

こうして、台本の完成には三ヶ月位はかかる

『死神』打合せ中、右から若杉弘、今村昌平、斎藤昌子、成田絵智子、中村義春、池辺晋一郎、私

と思っていたのに、一ヶ月後に、出来上がってきた今村さんの台本を見て、びっくり仰天。落語ではよぼよぼ、白髪ぼうぼうの老人死神が、今村さんの台本では、なんと、水もしたたる若い美女！　その死神に助けを求める男は女房の尻の下に敷かれた葬儀屋で、臨終の病人を忽ち生き返らせ、巨額の金が舞い込んだ時には、その美女とベッドを共にする約束を交わす、という奇想天外の面白い台本でした。こんな台本が果たして、お堅いNHK考査室の検査をパスするだろうか、と恐る恐る、考査室に提出したところ、何の但し書きもなしにスルリとパスしました。早速、池辺さんに作曲に取りかかって貰い、私は出演者捜し。

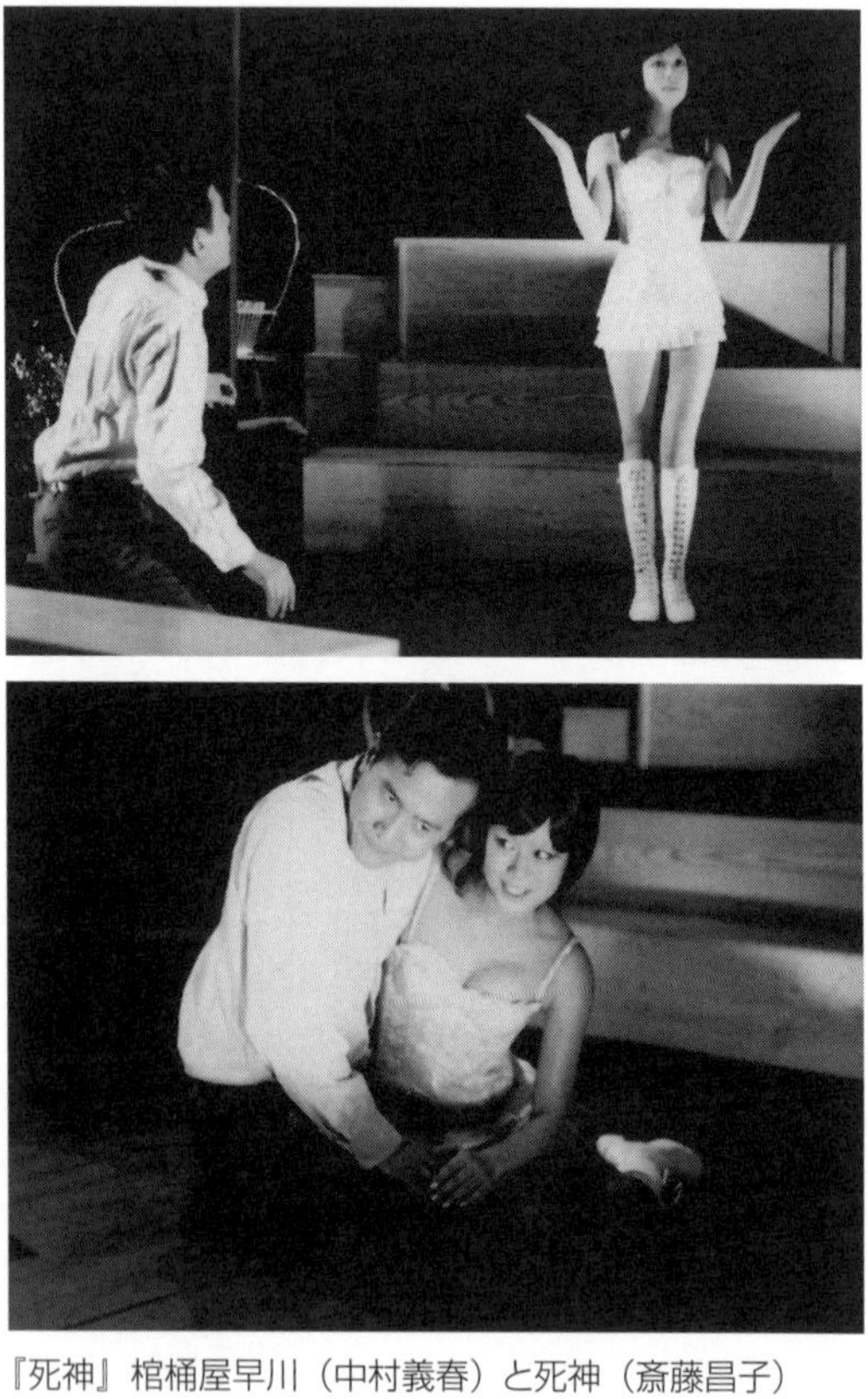

『死神』棺桶屋早川（中村義春）と死神（斎藤昌子）

死神はピチピチ・ギャルのソプラノ、葬儀屋はインポテンツ風のしょぼくれた演技の出来そうなバリトン、葬儀屋の内儀さんはセクシュアルでデーンとしたメゾ・ソプラノ、というイメージで。その結果、決まったのが、当時、「歌のお姉さん」として幼児番組に出演していた斎藤昌子さんが死神、葬儀屋に中村義春さん、その妻に成田絵智子さんという顔ぶれでした。

今村さんの最初の台本の冒頭はチンドン屋が風邪の新薬を売り出す薬屋の大売り出しシーンでしたが、私の注文で書き直し、死神が服用後、副作用で死亡者が続出する風邪薬を宣伝するテレビのコマーシャル・シーンにしました。放送をご覧になった方は、びっくりなさったことでしょう。何しろ公共放送NHKの冒頭にコマーシャルが出たのは、これが初めてだったのですから。死神と葬儀屋のベッドシーンなどにも考査室の許可範囲を考慮に入れ工夫を凝らしました。

こうして出来上がり、出品したオペラ「死神」はザルツブルクの審査会場で謹厳なる審査員が居並ぶ中で上映されたところ、あろうことか、途中でクスクス笑い声が起きた、というのです。そして、二位に相当する優秀賞を獲得することが出来たのですが、私は一位だったことが残念で、その三年後のコンクールの時に、文楽人形オペラ「鳴神」を出品、念願のグラン・プリを獲得することが出来ました。

第二十八話

文楽人形オペラ「鳴神」グラン・プリ受賞迄の道筋

何やら自慢話をするようで気が引けますが、どう言う経緯で、この作品を作ろうと思い立ったかは、今後の同様の立場に置かれた方のご参考になるのではないかと考えて、書きとどめることにしました。

「死神」の時と同様、この時も元になる話を求めて、あれこれ考えた末、海外の人が、どのような日本の話、筋立てに興味を持つのかを知るために、その当時、屡々、欧米に旅興行に出て好評を得ている歌舞伎の裏方さんに会って、どんな演目が向こうの人に受けがいいか、尋ねたところ、「断然、『鳴神』です」とのこと、何故なら、日本で人気の高い「勧進帳」「一谷嫩軍記」「景清」などは、その歴史的背景を常識的に知っている日本人だからこそ人気があるので、その歴史的背景を全く知らない他国の人には理解し難いからだ、と言うことでした。確かに、高位の男性が、女性の色香に惑わされて失脚する話はマスネ作曲のオペラ「タイース」が有名です。それで、私は、「よし、これだ」と思いついたのです。しかし、「鳴神」をそのままオペラにしたのでは、審査員の中に歌舞伎の「鳴神」を見たことのある人がいたら、それは長い歴史の中で鍛え抜かれて歌舞伎役者の演じる「鳴神」の方が、生まれて初めて、見よう見まねで演じるオペラ歌手の「鳴神」など噴飯ものに近いのではないか、と考えたのです。そこに、もう一つ工夫がいる。そこで、ない知恵を振り絞って考えついたのが「文楽人形」でした。

そのキッカケになったのは、嘗て見たミュージカル映画「サウンド・オブ・ミュージック」の一シーン、楽しい音楽に乗せてマリオネットが動き回る芝居を子供達が夢中になって楽しんでいるシーンです。この映画の背景とロケ地となったのは、モーツァルトの生誕地、ザルツブルクの郊外に広がるオーベルンドルフの草原です。まさに、このコンクールの開かれるのがザルツブルクで、この街には昔から操り人形芝居、マリオネットによる芝居小屋があって、様々なオペラ公演の音声

『鳴神』収録スタジオで、左から間宮芳生、私、吉田玉男、吉田文雀

を再生しながらマリオネットに演技させてオペラを楽しんで貰っている、ということです。しかし、糸で操る人形に比べ、日本の文楽人形は三人の遣い方により、より細やかな演技をして見せることが出来、複雑な感情表現も可能なのです。審査の行われるザルツブルクでは、暇な時間にマリオネット劇場を覗く審査員もいることでしょう。その人はきっと日本の文楽人形の芸の細かさに目を見張るのではないか、と思ったのです。早速、文楽協会の幹部の方に協力を依頼し、快諾を得ました。但し、「文楽オペラ」とは呼ばず、必ず「文楽人形オペラ」と呼ぶこと、とのことでした。文楽の世界では、人形を操る人形遣いの人より、その物語、浄瑠璃を謡いあげる太夫と呼ばれる語り手の方が格上とされているからで、太夫がいないなら、それは「文楽オペラ」ではなくて「文楽人形オペラ」だ、と言う訳です。

鳴神上人には栗林義信さん、雲の絶え間姫には松本美和子さんに声の出演をお願いし、人形の遣い手には鳴神の主遣いは吉田玉男さん、絶え間姫に吉田文雀さんをお願いしました。このお二人の人形遣いの方は後に人間国宝になられました。

「鳴神」の筋書きをご存じない方のために、簡単にお話しますと、昔、山奥に住む鳴神上人という偉い仙人がいたのですが、時の朝廷から不当に冷遇されたために怒って、仙術を使い、この世の龍神をすべて傍らの滝の中に閉じ込めてしまいました。そのため、雨が一滴も降らなくなって国中の農作物が枯れ果て飢饉となり、人々が飢えに苦しんでいました。困り果てた朝廷は鳴神上人の秘術を探るため、美しい官女の雲の絶え間姫を身分を偽らせて送り込みます。そこで、絶え間姫は急な腹痛が起きたフリをして、上人に胸元へ手を入れさせ、情欲をそそった上で秘術を聞き出し、見事、龍神を解き放ち、国中に雨が降り注ぐ、騙されたと知った鳴神上人は怒り狂って雲の絶え間姫を探しまくる、という筋書きで、この最後の部分は、上人の怒りを強調するため、突然、人形でなく、歌舞伎の隈取りをした日本舞踊家の西川鯉矢さんの激しい踊りに切り替え、その見得を切ったポーズをラスト・シーンにしました。こうして出来上がり、出品した「鳴神」は一九七四年、みごとザルツブルク・テレビ・オペラ賞、つまり、グランプリを獲得することが出来て、私は日本放送協会会長賞も受賞することが出来たのです。

第二十九話

二期会オペラ研究生、演技指導の教官勤め二十五年

このようにして、国内外の数々のオペラ団、オペラ劇場の中継放送を担当し、オペラ演出家の先輩栗山昌良、青山圭男、ブルノ・ノフリ諸氏の演出、演技指導法を実地に学び取って、自ら演技指導することも出来るようになり、スタジオ・オペラも作って来た私に、この頃、二期会の中山悌一理事長から、「二期会オペラ・スタジオ研究生演技指導教官になってくれないか」とのお声がかかりました。実は、私がNHKに入局して最初の部署は美術部制作進行課で、その時の美術部部長の佐久間茂高さんが、どのような経緯があったかは知りませんが、ずっと、二期会の演技指導教官を務めておられたようなのですが、近々、お辞めになるので、その後を引き継いで欲しいと言うことでした。私を推薦して下さったのは、「音楽をどうぞ」以来、数々のオペラ番組で顔馴染みの立川澄人（後、清登）さんと、東京放送合唱団のメンバーとして活躍しておられた栗本正さんでした。私は「お役に立つのなら、喜んでお引き受けしますが、NHKに勤めている身ですから、中山さんの方から、NHKに一札、許可願いを出していただけませんか」とお願いし、「NHKの仕事に差し支えない範囲で」という但し書きを付けて貰い、

週一回、勤務が早めに終わる日の午後六時から九時迄、小田急線南新宿駅前にあった二期会のビルに通うことになりました。一九七三年、十九期生から二十五年間、指導に当たりましたが、初期の頃の生徒には、山路芳久、池田直樹、大島幾雄、出口正子、鮫島有美子、豊田喜代美、片岡啓子など、その後、オペラ界で大活躍した歌手の皆さんも沢山います。しかし、演技指導するためには前以ての準備の勉強が大切ですし、教えている内に、はっと気づくこともあり、結局、教えると言うことは学ぶことでもある、と身を以て知りました。その意味で、私は、その場を与えてくれた二期会に深く感謝しています。

その教官を務める内に、忘れ難い大きな事件がありました。それは二期会に通い始めて四年後の一九七八年六月二十二日の夜、私が一階にあった第二スタジオで研究生に「フィガロの結婚」の演技をつけていた時のことです。音楽指導教官は高橋大海さんと沢田文彦さんでしたが、生徒の一人が突然、叫んだのです。「先生！　後ろの窓が真っ赤です！」と、驚いて振り向いたら、まさに背後の窓ガラスが真っ赤に染まって炎のようなものがメラメラと揺らいでいるのが写っていました。急いで窓を開けて見たら、二期会の建物から四、五メートルも離れていない隣の家がボウボウ燃え、窓から炎が噴き出し、火の粉が舞い上がって、二期会の建物に降り注ぎ始めていたのです。私はとっさに、生徒に「消防署に電話しろ！　ホースか、バケツか、消火器を持って来て！」と叫び、背広の上着を脱いで、窓の外へ飛び降りました。生徒の何人かが続いて降りようとしたが、「君達は来るんじゃない！　危険だ！　それより、早くホースを持ってきて水道の蛇口につけて！　消火器はまだか、早く早く！　火の粉が飛び込むから、窓はなるたけ閉めて！」と叫びました。やがて、消火器が届いたので、私はそれを担いで、隣家に向かい使用手順に従い、ひっくり返しにして、勢いよく噴き出した液体を、隣家の窓口に向けて注ぎかけました。炎は見る見る勢いが衰え始めたが、何と、三、四分もしたら、消火器の液体が空っぽに。えーっ、こんなに早く無くなるものなのか、と呆れている暇もない。取り替えた消火器を受け取って、隣家の窓の方へ駆け寄ると、弱まった炎が反撃に出るように、前より勢いよく私に向かって火の粉と熱気を吹き付け、煙に巻かれて窒息すると言うのは、このことか、と思い知りました。急いで駆け戻り教室の窓を開いて、首を突っ込み、ハアハア大急ぎの深呼吸をしては、また火に立ち向かって行きました。それでも胸から喉にかけて煙っぽく、熱くカラカラになったので、生徒に「タオルを湿らして持ってきて！」と頼み、マスクのように口に結びつけて、また、火に立ち向かって行きました。生徒や事務局員も別の窓から消火器や水道栓に繋げたホースでしょぼしょぼと隣家に水を注ぎ始めました。しかし、隣家の小さい窓に向かって水を注ぐ位では、猛烈な火の勢いは収まらず、やがて、火が天井を焼き飛ばして突き抜けると、途端に、炎の勢いがどっと増したので、生徒達が口々に叫びました。「杉先生！引き返して下さい！　危ない！　もう駄目です！」と。それでも、私は意地になって四本目の消火器を手にして、今度は類焼するのを防ぐため、二期会のモルタル壁に向かっても吹きかけました。

隣家の二期会側の火勢はやや衰えてきたように見えましたが、反対の部分は、依然、燃え盛っていました。しかし、その頃になって、やっと何台かの消防車のサイレンが鳴るのが遠くから聞えて来て、二期会とは反対側の道路から一斉に何本かのホースによる注水が始まり、忽ち、火の勢いは急速に収まって行きました。

やれやれ、私は第二スタジオの窓をよじ登り、室内に戻りました。室内では他の教官や生徒や事務局員が、書類の入った戸棚をがたがた濡れの少ない方へ移動させていました。

私は消火剤と水とでびしょびしょ、どろどろになったシャツとズボンを、持って来ていたジーンズに着替え、消火剤液は直ぐ洗い落とさなければ、生地が傷む、と誰かに言われたので、背広とズボンを急いで水で濯ぎました。

火元を見ようと屋上に登ったら、別クラスの教官だった宮原卓也さんが、まだ隣家に向け消火活動をしていたので、三階に降り、第四スタジオの窓から火事の現場を見下ろしたら、それは二期会と反対側の道路に面した風呂屋、銭湯で、脱衣所と風呂場に続く焚き口のある住居部分が火元のようでした。黒焦げになった何本もの柱の間を縫ってホースが四方八方に伸び、銀色の装束を身につけた消防士が縦横に駆け回って徹底的に残り火を消していました。

一段落して、皆から「杉さんのお陰で、類焼を免れた。」と言われ、何だか、そんなような気もしてきた時、二期会の取引先だったのか、相互銀行から、火事見舞いの日本酒一升ビンが届いたので、皆と一緒に冷や酒で乾杯、「本日の授業はここまで！」と言って帰途についたのでした。後日、二期会からは感謝の印に背広の洗濯代として、金六千円也を頂戴しました。

このように研究生の教官だったこともあり、オペラの中継やコンサート番組に、会員の出演を依頼することもあって、私は二期会の事務局員の方とは、昔から沢山のお付き合いがありました。勿論、藤原歌劇団にも藤原義江さん、下八川圭介さん、その御子息の下八川共祐さん、後に日本オペラ協会の代表となった大賀寛さん、郡愛子さん達がおられますが、二期会の場合は歌手出身でない方も多く、河内正三さん、吉田亮一さん、杉浦啓さん、小栗圭一郎さん、桑畑孝就さん、仁田雅士さん、岸田生郎さん、山崎篤典さんがおられ、面白いことに、いずれの方も事務局員であるのを辞めてから、各地でオペラ、コンサート制作のエキスパートとして、大活躍された方が多いことです。それはオペラ、コンサート制作には前以ての実地体験が不可欠と言うことなのでしょうか。

第三十話

オペラ「耳なし芳一」誕生ものがたり

扨、またテレビ・スタジオ・オペラの話に戻りますが、「鳴神」で私がグラン・プリを獲得した後、ザルツブルク・テレビ・オペラのコンクールには、私の後輩が出品しましたが、三年後も、六年後も入賞出来なかったので、九年後、上司が「また、挑戦してみてくれないか」と言うので、またまた、元になる話を探しまくり、ラフカディオ・ハーン、日本名、小泉八雲原作「怪談」の中の一つ、「耳なし芳一」に行き着きました。

ご存じのように、「耳なし芳一」は八雲が妻のせつから聞いた日本に昔から伝わる数々のお化け話を「怪談」という一冊の本に纏めた中の一つで、幼児の頃、寺の和尚に引き取られた盲目の琵琶法師芳一が夜な夜な平家の亡霊に誘われ連れられて、平家一門の公家、武士、奥女中達の居並ぶ御殿で平家物語を琵琶を奏でつつ語り、一同の涙を誘う。屡々、夜半に出て行く芳一の行方を怪しんだ和尚が寺男夫妻に後をつけさせ。芳一が平家一門の墓地で平家物語を語っていることを知り、亡霊から身を守るため、芳一の全身に経文を書くが、うっかり耳に書くのを忘れたため、芳一は平家の亡霊に耳をちぎって持って行かれてしまう。以来、芳一は「耳なし芳一」と呼ばれ、その名人芸は世間に広く知られるようになった、というお話。その台本を当時、劇作家、脚本家として評判の高かった矢代静一さんにお頼いしましたが、矢代さんの奥方は元女優の山本和子さんでした。和子さんは映画「青い山脈」で私の姉葉子が新子役で出演した時、敵役の女学生を演じ、ニセの恋文を書いたことから、互いに、ひっぱたき合うシーンもある敵同士でしたが、普段は仲良しで、静一さんとも、お付き合いしていたので、快く引き受けて貰えました。ただ、上司から言われたように、最後の耳ちぎりのシーンには工夫を加え、残酷シーンにならないように、との注文をつけました。その結果、歴戦の勇者である亡霊の豪傑が芳一の耳を引きちぎった途端、その耳から滴り落ちる血を見て突如、恐怖に襲われ、幼児のようにブルブル震え出し、ベソをかき

かき退散する、奥女中達は、さも、その耳が可愛くて堪らない、といったように、口々に「いとおし、いとおし」と言いつつ、奪い合うようにして去って行く、と言った奇想天外な笑いを誘う締めくくりとなったのです。作曲は「死神」以来、劇音楽の腕を益々上げて人気の高まっていた池辺晋一郎さんに頼みました。琵琶の演奏は半田淳子さん、冒頭と最後のドスのきいたナレーション部分は仲代達矢さんに頼みました。芳一は平良栄一、和尚は多田羅迪夫、寺男夫妻は斎藤俊夫、安念智恵子、亡霊武士は池田直樹の皆さんでした。

　こうして仕上がったオペラは、それはそれは面白い出来で、早速、音声を収録、ＦＭで放送した結果、沢山のお褒めの言葉を頂戴したので、その音声を使ってスタジオ　オペラに仕上げようとした時、関西から転勤してきた上司に「『耳なし』とは何だ、身体障害者ではないか、その上、この話は平家の落武者達が出てくるが、平家の落武者は被差別部落の人達と繋がっていると言われている、そんな話を映像化するなど、許さん」、と一蹴され、私は「身体障害者の芳一が、そのハンディを乗り越えて名人として世人に敬われたのだから、むしろ、身体障害者には励みになるでしょう。」と反論したのですが、許可が得られず、口惜しくて口惜しくてなりませんでした、よーし、それなら、このオペラは私がＮＨＫを定年退職したら、その時、必ず舞台にかけてやるぞ、と心に誓い、その誓いを果たす時は、やがてやって来ましたが、そのお話は、項を改めて、とさせていただきます

第三十一話

藤沢「ファウスト」のSOSとプロダクション設立の経緯

前の話の中にも書きましたが、私は一九八七年の十二月、五十七才でNHKを早期退職勧奨制度により、定年退職しましたが、六十才まで働くことも出来るのに、三年早く辞めたのは、第二の人生として、NHKと二期会で身につけたオペラの制作、演出に関する知識を生かす仕事を始めるなら、少しでも早くスタートした方がいいと、考えたからです。

さあ、オペラのことなら、どこから頼まれても忽ち、仕上げてみせるぞ、と勢い込んだけれど、世間は、そんなに甘いもんではなく、実績のない、素人同様の爺さんなんかのところに、多額の製作費のかかる仕事を頼みに来る人なんか一人もなく、どこからも、何のお声も掛からず、がっくり。自分の考えの甘さを思い知らされ鬱々としていた、それは一九九〇年の一月十九日のことでした。NHK時代、オペラ公演やコンサートに出演なさっていて、親しくお付き合いさせていただいていた大谷洌子さんが永年のオペラ界への貢献により、勲四等宝冠章を受賞なさったことをお祝いするパーティが京王プラザのホールで行われ、私はご招待いただきました。そこで、沢山のオペラ界、音楽界の方達にお会いしましたが、その中に、NHKイタリア歌劇公演の折、副指揮や合唱指揮者を務められたこともあって顔馴染みだった福永陽一郎さんもおられ、「杉さん、お元気ですか、どうしてますか。」と声をかけられたので、「NHKを少し早めに定年退職して、フリーのオペラの演出家として働きたいと思っているんですけど、仕事は栗山昌良さんや鈴木敬介さんのところへ行って、僕のところなんかには、だーれも頼みに来る人がいないんで腐っているんですよ。」と答え、同情して貰って、お別れしたのですが、その翌日、福永さんから電話があり、「実は、今、僕は藤沢市から頼まれてグノーのオペラ「ファウスト」を藤沢市制施行五十周年記念の行事として、市民会館で上演しようと、練習の真っ最中なんですけど、演出を頼んでいた栗國安彦君が先日、突然亡くなられたので、とても困っているんです。何とか、助けてくれませんか。杉さん「ファウスト」を演出していただけませんか。」とのこと、私は嬉しくて飛び上がらんばかりになり、勿論、お引き受けすることにしました。

この藤沢のオペラは当時、市長だった葉山峻さんからの要請で、福永さんが市民オーケストラ、市民合唱団の指導を始め、一九七三年、市民会館の開館五周年記念として、「フィガロの結婚」を上演し、以後、好評に応えて二、三年おきにオペラを上演し続け、私は一九八三年の大作「ウィリアム・テル」を初めとして「アイーダ」「椿姫」などを見に行き、この団体の公演から目が離せなくなっていたのです。

それから二十日程たった二月十日、青山斎場で行われた栗國君の葬儀に参列した二月十日の夜、打ち合せの日時を決めるために福永さんのお宅に電話して、愕然としました、何と、ほんの数時間前に福永さんが亡くなられたと言うのです。福永さんは以前から、腎臓を患っておられたそうで、定期的に人工透析をなさりながら、この仕事に心身を打ち込んでおられたそうで、病床にあってもスコアを手放さず、構想を練っておられた、と言うのです。それなのに、粟國君に続いて、その福永さんまでもが… これでは公演は中止だな、とがっかりしましたが、私を見込んで声をかけて下さった福永さんには感謝の気持から、その葬儀の折には式の進行をお手伝いして一生懸命働かせて貰いました。

ところが、その葬儀から十日の後、市民会館の方から、福永さんの遺志をついで何としても「ファウスト」の公演を実現したいという市民の声が多く寄せられているので、制作面でも協力して欲しいという申し出を受け、勿論、喜んでお引き受けしました。しかし、音楽面を統率して見てくれる人が必要と考え、福永さんと親交のあった畑中良輔さんに音楽監督を、北村協一さんに指揮をお願いしました。

しかし、多岐に亘る仕事をこなして行く上でも対外的な折衝をスムーズにこなして行くにしても、個人としてでなく一つの組織体である方が望ましいことが分かり、近親、友人の名も借りて立ち上げたのが有限会社「ニュー・オペラ・プロダクション」、「ファウスト」公演の四ヶ月前の一九九〇年六月一日が創立日で、オペラのことなら何でも相談に乗りますよ、企画、制作、演出、字幕監修なんでもござれ、という看板を掲げたのです。

この「有限会社」には後日談があります。この看板を掲げて、二〇一七年迄の二十七年間に、自主オペラ公演十三回、市民や地域団体からの依頼を受けて四十六件、公演数にすると、八十七公演にも達するオペラ公演の制作と制作協力を務めた末に、有限会社であることを止めました。それは、杉並区役所に会場を借りに行った時、係員が申請書に書かれた有限会社の文字を見て、即却下、「有限会社や株式会社などの営利会社には、お貸しできません」とのこと、私は今までの実績を示し、営利目的ではなく、時には赤字を抱え込んでの仕事であり、他の公共団体からは力を貸して貰えたのに、と訴えましたが、「今度から、貸さないことになったのです。」と冷たく突き返され、私は日本の国や地方自治体の文化に対する単細胞的な愚昧な発想を思い知り、即、有限会社であることを止めにしました。まあ、実績がものを言って、その後、特に差し支えることもなく来ていますがね。

第三十二話

私を市民オペラの虜にした藤沢「ファウスト」の熱気

「ファウスト」の練習を始めて見て、この仕事の大変さが分かってきました。と言うのは、公演の日取りが十月十三、十四日の土日と、その一週間後の二十、二十一日の土日と四回公演で、しかも、主役が殆ど毎回変わると言うのです。つまり、ファウスト役のテノールが藤原章雄、永田峰雄、錦織健、マルガレーテが岩崎由紀子、宇佐美瑠璃、塩田美奈子、白石敬子、メフィストフェレスは二人で工藤博と高橋啓三の皆さん、ファウスト役には初め田口興輔さんも名を連ねていましたが、指揮者の北村さんと折り合いが悪く、途中で降りてしまいました。兎に角、皆さんにとって初めての「ファウスト」ですから、その一人一人に演技をつけて行くだけでも大変でしたが、それより、もっともっと大変だったのが、合唱でした。福永さんは依頼を受けて、あちこちの合唱団で指揮指導をなさっていたので、その薫陶を受けたメンバーの人達が、そのご恩に報いるため、或いは追悼の思いを込めて、是非是非、参加させて欲しい、との申し出を受け、湘南コール・グリューンの人達が三十七人、湘南市民コールの人達が四十五人、藤沢男性合唱団が十九人、小田原木曜会が四十人、早稲田グリークラブが四十人等、全部で百八十四人にも達する人達が出演することになり、オペラ経験殆どゼロのズブ素人の人達に演技をつけて行くことは、それはそれは大変な労力でした。プロの合唱団なら出欠が厳格ですが、アマチュアの場合は、「本番には全員そろうでしょう」と言った状態で、それぞれの家庭の事情により「やむを得ず」の欠席、遅刻、早退が多く、演出する私の方が頭の中で、毎回の歯抜け状態を補って配置や動きを考えて行かなければならなかったのです。しかし、練習を重ねて行く内に、合唱団の人達のヴォルテージがどんどん上がってきて、出席率もよくなり、演技にも熱が入ってきて、舞台衣装も自分達の家から、それらしい衣装を持ってきて、デザイナーのアドヴァイスで、縫い直して着る、と言った具合になりました。

私は、その様子を見ている内に一つのアイディアが浮かんで来のです。

このオペラのラスト・シーンは、ファウストに捨てられたマルガレーテが正気を失い、ファウストとの間に生まれた我が子を死なせてしまい、牢につながれている時、メフィストフェレスに連れられてやってきたファウストが、彼女に一緒に脱走しようと誘うのを、マルガレーテが激しく拒否し、神に救いを求めると、突然、上空から天使達の声が聞えてきて、牢獄の鉄格子も彼女の手足を縛った鎖も砕け散り、彼女の魂は天へと導かれ昇って行く、といった筋書きで、スコア上、天使の声は舞台裏のコーラスが歌うように指定されているのですが、私は、この天使の姿を舞台の高い位置に立たせて視覚化したいと思ったのです。しかし、既に、美術予算は使い果たしていて、とても、そのための衣装の予算は残っていませんでした。残念だが仕方がないと諦めていたら、私の悩みをどこで聞き知ったのか、合唱団の人達がやって来て、「その衣装は私達が自分で作りますから、是非、杉さんの考え通りになさって下さい」と言われ、私は、その申し出を喜んでお受けすることにしました。

そこで、舞台の奥に高い台を作り、そこに白のジョーゼットで作った衣装を纏った天使達が並び、その隙間から雲が湧き出るようにドライアイスが流れ下る中、中央の階段に向ってマルガレーテは両手を、あたかもキリストが十字架につくように開いて、天に向かってしずしずと登って行く。階段の手前の台に傾斜がついているので、雲はもくもくと客席方向へ舞台一杯に広がって流れ下り、マルガレーテを追い求めるファウストは立っていることも出来なくなり、次第に雲間に沈

藤沢『ファウスト』のラストシーン、天国への階段を上るマルガレーテ

んで行き、メフィストフェレスの黒いマントに覆われて地獄へと吸い込まれて行く、といった情景に仕上げることが出来て、客席の割れんばかりの大拍手の内に幕を閉じることが出来ました。何回か続いたカーテンコールが終わるや、合唱の人達がお互いに肩を抱き合って泣いている姿を見て、私も涙を怺えることが出来ず、その時に、すっかり、市民オペラの素晴らしさの虜になってしまったのです。文化活動にとって大事なのは結果だけではなくて、それに至る迄の真摯な努力を皆が力を合わせて続ける過程こそ大事だ、ということをしみじみ知ることが出来ました。

第三十三話

NHK在職中に依頼を受けての市民オペラ演出

実は、私と市民オペラとのお付き合いは、藤沢「ファウスト」がファーストではありませんでした。一九八二年、私がNHKを定年で辞める五年前の在職中だった時、二期会の研究生だった稲葉茂君がプロデューサーで、やはり研究生出身で、稲葉君と結婚したソプラノの木村珠美さんが、この時の主役を演じ、星出豊君が指揮する「トスカ」の演出を市川オペラ振興会からの依頼を受け、上司の許可も得て引き受けました。この時の悪玉警視総監役は竹沢嘉明君でしたが、彼がトスカに刺されて後ろにのけぞって倒れた時に、彼の法官の象徴のような銀髪巻き毛のかつらがコロコロと脱げ落ち、下から、彼のいつものボサボサ頭がむき出しになったので、みんなが「あれあれあれ……」と笑いを怺える内に幕が降りた懐かしい思い出があります。

その二年後の一九八四年には、千葉県の太平洋側の突端、銚子の「オペラを楽しむ会」代表で、主役のアディーナを歌う根本光江さんからの依頼で「愛の妙薬」の演出を頼まれ、片道三時間かけての立ち稽古指導に何回通ったことでしょう。NHKの許可を取るのが煩わしく、この時は谷澤俊という仮の名前で引き受けました。指揮は福森湘君でした。しかし、この時、困ったことにコーラスは銚子市の市民合唱団でしたが、殆どが女性ばかりで、村人達というには余りに不自然なので、声は仕方がありませんが、何人かには男装して男の仕種で演じて貰いました。裏方も手薄で、最後の舞台稽古では、私は金槌を持って走り回って大道具係になったり、家から小道具の代用品を持って行ったり、布を買いに走って衣装係的なこともやったりで大汗をかきましたが、それだけに、公演の最後の幕が降り満場の拍手を得て、皆が大喜びする姿を見た時、それまでの苦労がすっ飛んだものでした。

更に、その翌年の十二月には、再び、市川オペラ振興会の稲葉君から頼まれ、ヴェルディ作曲「仮面舞踏会」の出演交渉等の制作アドヴァイスと演出を、ペンネームと言うか、杉野淳一という仮の名前で務め、指揮は星出豊君に頼みました。この作品上演でも、私には第五回NHKイタリア歌劇公演で、同じ演目が上演された時に舞台監督を務めたことが大きく役に立ち、公演を成功裡に終えることが出来ました。

そして、一九八七年十二月の定年退職寸前には二期会からの依頼で、埼玉県志木市まなびの会主催で志木市民会館で行われた「マイ・フェア・レディー」と「カルメン・ファンタジー」のコンサート・プラス・アルファの構成、演出、振付をやりました。この時も、実名は伏せ、銚子の時と同じ、谷澤俊という仮の名前でした。

ミュージカルとオペラの中で最もポピュラリティのある二つの作品の中から、よく知られたメロディーや歌をピアノとシンセサイザーの伴奏に乗せ、台詞部分で繋いで行く、と言った手法でハイライト版を作りました。提示された低額の予算のもと、大道具費はゼロ、衣装は自前の黒シャツ、黒ズボンか、黒スカート、女性は、状況に応じ、それに自前の赤、ピンク、白などのスカーフ、ショールをつけて。小道具は出演者八人分のシンプルな椅子が奥に並び、正面奥に大きな蓋付きの衣装箱が置かれ、出演者は、状況に応じて、そこから、帽子や、傘や、バッグなどを取り出して演技する、といったやり方で進めました。

「カルメン」の方は、カルメンを殺した殺人犯ドン・ホセを裁く裁判所の法廷という設定で、ドン・ホセが裁判官の居並ぶ台の下に引き据えられ、証言台にミカエラが登場、ドン・ホセの無罪を証言すると、途端にミカエラを浮き上がらせていた照明が消え、中央の裁判官が立ち上がって白い巻き毛の鬘を脱ぎ、法衣をかなぐり捨てると、忽ち、赤い派手な衣装のカルメンに変身、台を降りてハバネラを歌いつつ、ドン・ホセに身を寄せ、いかにカルメンがドン・ホセ伍長を誘惑したかを見せ、歌い終えると、カルメンとドン・ホセに当たっていた照明が消え、証言台の照明がつき、ミカエラに代わってエスカミーリョが証言台に立ち「カルメンは俺に夢中で、ホセなんか愛していなかった」と証言し始める、といった風にストーリーを展開させて行きました。二つの演目とも、かなり思い切った変わった演出でしたが、幸い、志木市民会館、八百席を埋め尽くした、お客様には大変、楽しんでいただけたようで、拍手喝采が長く続き、「面白かった」との声も沢山耳にしました。

そして、この形の公演は、家内さわの後輩で岩手県立胆沢高校の音楽教師だった熊谷麗子さんがお膳立てしてくれて、中学、高校の地方巡回公演に採択され、九年も後ですが、二〇〇〇年六月、東北の高校合同芸術鑑賞会主催という形で、いくつかの高校の講堂でも上演しました。

第三十四話

ニュー・オペラ・プロダクションの初期自主公演

この志木で好評だった裁判仕立て「カルメン」ハイライトの経験をもとに、更に工夫を加え、完成度を高めて自分のプロダクションの第一回自主公演として、一九九一年の四月二十五日、二十六日の二回、「カルメン法廷」というタイトルで、こまばエミナースという井の頭線の駒場東大前駅から歩いて十分の小さな劇場で上演しました。カルメンは中村まゆ美、岩森美里、ホセは近藤伸政、田中誠、ミカエラは水島範子、三縄みどり、エスカミーリョは工藤博、松本進の皆さんでダブルキャスト、スペイン舞踊は小松原庸子舞踊団、小編成のオーケストラを指揮したのは三澤洋史さんでした。

そして、その翌年はロッシーニの生誕二〇〇年目だったので、六月に同じ、こまばエミナースで「セビリアの理髪師」を第二回自主公演として上演しました。折しもバブルが崩壊し企業の出費削減が叫ばれている時期だったので、予定していた助成金が得られず、芸術文化育成の必要性を理解して下さる企業数社から広告料を出していただけたので、何とか少ない赤字で公演を終えることが出来ました。大道具は、建設会社からペンキ塗装などに使う鉄パイプを借りてきて組み立て、キャンバス地の布を張り、美術デザイナーの三宅景子さんの指示で殆ど手作りのような大道具で、小道具も自宅の応接セットやら、洗面所の鋏や櫛も持ち出し、工夫を凝らした舞台で、お客様は結構、面白がって下さいました。この時も二日に亘る二回公演で、フィガロは工藤博、加賀清孝、ロジーナは水ノ江有吏子、松薗まゆみ、アルマヴィーヴァ伯爵は長裕二、小林彰英の皆さんでした。

このように一九九一年に「カルメン法廷」、その翌年に「セビリアの理髪師」と書いてくると、何やら、じっくりゆっくり、自主公演を作り上げているように見えますが、実は「カルメン法廷」を四月に公演した三ヶ月後の七月にはモーツアルト・オペラ・シアターという団体から頼まれ、練馬文化センターで「ティートの慈悲」というモーツアルト最晩年のオペラの演出を、十月には、京都オペラ・アート・プロデュースという団体の依頼で、京都こども文化会館での「フィガロの結婚」演出に何回か新幹線で京都通い。年が明けての一九九二年三月には鹿児島オペラ協会と南日本新聞社共催で鹿児島県民文化センターで上演された、石井歓さん作曲のオペラ「カントミ」の演出を頼まれ、その立ち稽古に飛行機で何回も往復しました。同じ三月の末には神戸オペラ協会の「魔笛」の演出と台詞台本作りを頼まれ、そこにも新幹線で往復と言った目まぐるしい大忙しの一年間でしたが、「セビリアの理髪師」公演が終わった二ヶ月後の五月二十七日には、東京室内歌劇場からの依頼で、ジロー・オペラ賞二十周年記念コンサートとして目白の聖マリア大聖堂で行われた、韓国の作曲家、李演国氏のオペラ「人は知らず」演奏会形式上演の演出と韓国人歌手の歌う部分の訳詞字幕を担当しました。この「人は知らず」については、更に後日談がありますが、少々、長くなりますので、別の項目に記しましょう。

そして、その翌年、一九九三年五月四日、新宿文化センターで第三回目の自主オペラ公演として、ＮＨＫで映像化が許されず、残念でならなかった「耳なし芳一」を取り上げ念願の舞台初演を、やっと果たすことが出来たのです。

舞台初演と言うことで指揮は池辺さん自身振るように頼みました。放送の時の指揮は小林研一郎君で、芳一が平良栄一君、和尚が多田羅迪夫君、寺男夫妻の与作とおふくが斎藤俊夫君、安念千恵子さん、亡霊の武士が池田直樹君でしたが、舞台初演の時は、芳一に新進の福井敬君を起用、和尚は佐藤征一郎君、寺男夫妻は今村雅彦君

『耳なし芳一』幻の平家御殿で琵琶を弾き、語る芳一（福井敬）

と辻宥子さん、亡霊の武士は高橋啓三君という具合に、がらりと顔ぶれを変えて出演して貰いましたが、それは前のキャスティングが悪かったからでなく。少しでも多くの歌手達に出演の機会を与え、腕を磨いて欲しいと、思ったからです。

公演は大成功で、観客の皆さんから沢山のお褒めの言葉をいただき、新聞や雑誌にも大きく取り上げられ、批評欄でも褒められました。そして、芳一を演じた福井敬君は同じ頃、上演された二期会の「シモン・ボッカネグラ」での好演と併せて芸術選奨文部大臣新人賞や五島記念文化財団の新人賞を受け、在外研修費を貰って一年間海外留学することになったのです。私のプロダクションのオペラに出演したのが、彼の飛躍の一つのステップとして役立ったことは、私にとって、とても嬉しいことでした。

第三十五話

NOPが初期に依頼を受けた市民オペラ

「ニュー・オペラ・プロダクション」、社名にしては字数が多すぎる、と考え、略して言う時には「NOP（ノップ）」と言うことにしました。ちょっと、「MOP（モップ・柄つき雑巾）」に近いですが、オペラ界の掃除人みたいで、いいかな？　とも思いました。

前の話にも書きましたが、オペラの制作、演出、字幕監修、他、何でも相談係の看板を掲げた一九九〇年から一九九二年にかけた三年間で、八公演の制作、演出、字幕監修などを請負い、その間に、自主公演の「カルメン法廷」「セビリアの理髪師」も上演した訳ですから、今から考えると、「まあ、よく身体がもったもんだ」と自分で感心しています。

その内、一九九二年末の市川の「アドリアーナ・ルクヴルール」は、これが日本人による初演と言うことで話題になりました。このオペラは第十三話で第八回NHKイタリア歌劇公演で、カバリエが、そのタイトル・ロールを演じた話を書きましたが、大変、高度の歌唱力、演技力が要求される役で、この市川の時は木村珠美さんが演じ、その敵役のブイヨン公妃は小畑朱美さんで、中々、みごとな恋の鞘当てを演じて舞台が盛り上がりました。私はイタリア歌劇公演の時、会場がＮＨＫホールだったので、立ち稽古を何回も見に通ったことが、この時、大きく役に立ったのだと思います。そのお陰もあって朝日新聞の公演評で畑中良輔さんに褒められ、音楽芸術誌上、増井敬二さんに褒められました。

そして、それが二年後の「仮面舞踏会」再演に、また演出、字幕監修を頼まれる元になったのだと思います。この「アドリアーナ・ルクヴルール」の後に続いた依頼公演には、東京室内歌劇場の「人は知らず」の再演や神戸の「ウィンザーの陽気な女房達」、松江の「耳なし芳一」公演などがありました。

「人は知らず」というオペラは、「セビリアの理髪師」の三ヶ月前の三月九日に東京室内歌劇場のプロデュースを担当していたバリトンの竹沢嘉明君、市川オペラの「トスカ」でスカルピアを演じた時、鬘が落っこちた逸話の主ですが、その竹沢君から電話

『アドリアーナ・ルクヴルール』左端マウリツィオ（福井敬）、
中央ブイヨン公妃（小畑朱美）、右端ルクヴルール（木村珠美）

を貰いました。その年の五月二十七日に目白の聖マリア大聖堂で、三月三日に急逝した韓国の作曲家、李演国氏の追悼の思いとジロー・オペラ賞二十周年を記念して、李氏作曲のオペラ「人は知らず」~おたあ・ジュリアの殉教~を演奏会形式で上演するので、構成演出面と韓国人歌手の字幕監修を、お願いしたい、というのです。この初演の時のおたあ役を歌ったのは韓国のトップクラス・ソプラノの李撥道《イキュウド》さんでした。私は勿論、喜んでお受けしました。そして、三ヶ月後の八月十九日からの三日間、池袋の芸術劇場小ホールで、今度はオペラとして上演、その翌年、一九九三年五月十六日には物語の舞台となった神津島の高校体育館で再演しましたが、この時は準備のために公演の二日前に神津島へ行く時、天候不順で飛行機が欠航になり、やむなく、船に十一時間も揺られて渡り、くたくたになった思い出があります。そして、七月三日には日本教育会館一橋ホールで昼夜二回の公演、と好評に応えての再演、再々演も果たしました。

第三十六話 ジロー・オペラ賞と韓国歌手達との付き合い

今の話の中に出たジロー・オペラ賞について、今となっては、ご存じない方も多い、と思いますので説明させていただきます。

それは一九七三年から始まったウィンナーワルド・オペラ賞と言う賞で、日本のオペラ界の発展に大きく貢献した歌手やオペラ団体、作曲家、演出家、その他の協力スタッフに対して巨額の賞金が贈られ、十年後の一九八三年からはジロー・オペラ賞と名称を変え、新国立劇場にバトンを渡す迄、ということで二十五年間、一九九七年まで続き、その最後の年十月二十三日には東京オペラシティ・コンサートホールで、それ迄の受賞歌手の中から十二人をピックアップして、オペラ・ガラ・コンサートの制作依頼を受けて開催しました。その時の顔ぶれは出口正子、曽我栄子、緑川まり、塩田美奈子、永井和子、坂本朱、市原多朗、佐野成宏、田口興輔、栗林義信、直野資、そして、韓国の代表的なソプラノ李撥道《イキュウド》という錚々たる顔ぶれの皆さんで、指揮は北原幸男さん、管弦楽は東京フィルハーモニー交響楽団でした。

この賞の創始者で出資者だったのは、ジロー・レストランという各地にある西洋料理チェーン店の創始者で、永年、その社長を務めた沖広治さんでした。この方は、大変オペラ好き、現代音楽好きな方で、作曲家の戸田邦雄さんの薫陶を受け、評論家の畑中良輔さん、指揮者の若杉弘さん等と共に東京室内歌劇場を設立、その活動をバックアップする他、日本のオペラ界全体の活動振興に、要請に応じ多額の支援金を注ぎ応援なさった方で、私にとって、思い出深いエピソードがあります。

それは一九九四年、十月に行われた東京室内歌劇場創立二十五周年記念のパーティに私も招かれて出席した時に、歌劇場代表の畑中良輔さんがなさった、スピーチの中で「東京室内歌劇場がこれまで、実績を積み上げてこられたのは、ジロー・レストランの沖さんの存在なくしては考えられません。歌劇場所属の皆さんは、そのことを決して忘れてはなりません」と話されたことです。

ニュー・オペラ・プロダクションも沖さんには第三回自主オペラ公演の頃から、公演の度に、プログラムに広告掲載という形で資金援助をしていただきました。そこで、私は、その感謝の思いも込めて、沖さんが亡くなった年、二〇〇二年七月五日に、今度は新国立劇場中劇場で「ジロー・オペラ賞記念コンサート　沖さんを偲んで」を開催しました。この時の顔ぶれは中沢桂、佐藤しのぶ、出口正子、林康子、松本美和子、郡愛子、坂本朱、永井和子、西明美、市原多朗、田口興輔、栗林義信、池田直樹、牧野正人、稲垣俊也、それに韓国の李撥道、テノールの李玄《イヒョン》という、この回もオペラ界トップレベルの十七人の皆さんで、ピアノ伴奏は森島英子さんと谷池重紬子さんでした。

沖さんはクリスチャンで、韓国の神父様の李庚宰《イキョンジェ》氏と親交がありましたが、李神父様は韓国でハンセン病患者を受け入れ治療する大きな病院の院長さんでもあったりで、沖さんは、その病院の資金援助も続けつつ、韓国人の新進オペラ歌手や既に定評のあるオペラ歌手に日本での発表の場を与えることにも力を注いでおられたので、私が銀座の十字屋で開催していたオペラ歌手のNOP《ノップ》コンサートにも、沖さん推薦の韓国歌手、ソプラノの郭才銀《カクジェウン》、李恩順《イウンスン》、テノールの李玄《イヒョン》、金鍾浩《キムチョンホ》と言った皆さんに出演して貰いましたし、注目の韓国歌手と日本人歌手とのジョイント・リサタル「オペラシンガーズ in ASIA」シリーズでは韓国人歌手のバリトン、高聖賢《コウソンヒョン》、テノールの金永煥《キムヨンファン》の皆さんに出演して貰いました。皆、沖さんのご推薦で、来日の費用等を負担支援していただきました。

更に、もう一つ、沖さんから頼まれた忘れ難いコンサート公演は、一九九八年十月にこまばエミナース・ホールで開催した「ハンの歌　ハンの調べ　ハンの舞い」と銘打った、韓国人歌手、演奏家、舞踊手によるコンサートです。ハンというのは漢字だと「恨」と書き、恨みを抱く狭い意味に解釈されますが、韓国では「言葉では表現出来ない、心の奥に積もり積もった深い思い」と言った意味が強く、それは時には喜びであり、悲しみであり、また、時には深い愛であり、恨みでもある。そのハンこそ、韓国の芸術、芸能の本質的基調になっている、と言われています。そんなタイトルで、日本の芸大大学院も卒業し、瀬山詠子さんに師事したソプラノの金《キム》貞玲《ジョンリョン》さんの韓国歌曲、李《イ》世煥《セファン》さんの日本の琴のご先祖様とも言うべき韓国琴《コムンゴ》演奏、そして、李周熙《イチュヒ》さんの打楽器演奏と舞踊を披露して貰いました。殊に美女、李周熙さんの踊りは曲によって、ゆったりとした長い袖の白い衣をまとい、能役者のように静かに登場し、次第に踊りに激しさを増していったり、別の曲では、抱えた太鼓をたたいて舞い、三面の木枠に吊した五面の太鼓をバチさばきも鮮やかに叩き、次第次第にスピードを上げ激しさも増して、のけぞるような姿勢でも叩き続けて踊

りきり、観客を唖然とさせる程の迫力満点で、このような公演を開いたことに、多くの方から感謝感激のお言葉を頂戴しました。しかし、それもこれも、沖さんのバックアップあってのことで、そのような経緯があって、沖さんはオペラ「人は知らず」～おたあジュリアの殉教～の上演に際し、東京室内歌劇場の方に私を推薦されたのだ、と思います。

このオペラ「人は知らず」～おたあ・ジュリアの殉教～は中村栄さんの台本に李演国さんが作曲したもので、その物語は十七世紀の前半、豊臣秀吉の朝鮮征伐の折、朝鮮人の娘おたあ、クリスチャン名ジュリアは掠われて来て伊豆半島の沖に浮かぶ神津島に幽閉されていました。そこに、或る日、都から使者が来て、おたあに短刀を突きつけて改宗を迫りますが、おたあは顔色ひとつ変えず、「自分の命は捨てることが出来ても、自分の魂を偽ることは出来ません」と答える。使者は実は、おたあを改心させたら、犯した殺人の罪を許してやる、という条件で来たことを告白する。すると、おたあは「人は皆、罪人（つみびと）、許すか、どうかは神様がお決めになることです」と諭し、使者を引き下がらせます。しばらくの後、おたあが神に召される時が来て、彼女の生き様に感動した島守の女房が、彼女のために一生懸命、縫い上げてくれた美しい朝鮮衣装を着て、おたあは天国から聞えて来た天使の声に導かれ昇天して行く、というお話です。

第三十七話

奄美大島、実話に基づく悲劇の娘カントミのオペラ

「カントミ」というオペラは一九八一年春に、鹿児島オペラ協会が創立十周年を記念して、中田浩一郎さんに台本を、石井歓さんに作曲を委嘱して出来て初演され、その年の秋に東京の新宿文化センターで栗山昌良さんの演出で上演され、私は、それを見に行きました。

実は、その頃、オン・ステージ新聞というオペラ、バレエを中心にした舞台芸術の情報紙に頼まれ、オペラ批評を担当していたので、見に行ったのですが、まさか、それから十一年後の三月初旬に、そのオペラの演出を自分が頼まれるとは夢にも思っていませんでした。しかも、その同じ三月の末には神戸オペラ協会から「魔笛」の演出も頼まれていたのです。飛行機や新幹線を使って何度も往復して、より完成度の高い公演にするべく、それこそ、死に物狂いの日々でした。この時はダブルキャストで、カントミは森真紀子さんと岩尾美希代さん、岩加那は西澤明君と高風勝治君でした。結果は地元の歌手、合唱、スタッフの皆さんの熱演によって好評を博し、六年後に、「カントミ」の物語発祥の地、奄美大島で公演、その翌年には再び鹿児島で再演という具合に、皆さんに喜んでいただくことが出来ました。この奄美大島での公演は、実は一九九二年の鹿児島の「カントミ」公演を見た奄美大島の人達が、「あの踊りぶりは奄美大島の踊り方ではない、是非、次回は奄美で上演して現地の人を出演させ、本当の奄美の歌と踊りを見て欲しい」という声が沢山寄せられ、それが実現することになったのです。

「カントミ」の物語は、これも「人は知らず」と同じように、都を遠く離れた孤島でのお話ですが、今を去ること二百数十年の江戸幕府時代、寛政年間の頃、奄美大島、名柄村、村長の家に薩摩藩から派遣された新任の代官が招待され、豊作を祝う祭りが催されて、余興に三線の上手な若者、岩加那と、村長の家の下働きの美しい娘カントミとに歌合せをさせました。二人の心が通じ合ったような見事な歌いぶりでしたが、代官はカントミに心を惹かれ、「妾に差し出せ、そうすれば、年

貢を軽くしてやる」と村長に命じ、村長はカントミに役人のところへ行くように言いつけますが、カントミは応じません。　実はカントミは岩加奈と恋仲になり、夜半、こっそり逢瀬を重ねていたのです。村長はカントミが命令に従わないので、厳しい折檻を加え、挙げ句の果て、顔に焼け火箸を当てて大やけどを負わせ、牢小屋に閉じ込めてしまいます。一方、岩加那は、虐げられ続けた村人と共に一揆を起こしますが、結局は追われる身となります。夜半、海辺で、逃げのびた岩加那が淋しさをまぎらすため、三線を奏でると、美しく装ったカントミの霊が現れ、彼の周りを歌いつつ踊ります。やがて、岩加那はカントミが死んだことを知り、短刀で自らの胸を刺して、カントミの後を追う、といった哀れな物語です。

カントミにはモデルになった実在の女性がいたようで、稽古の合間に、そのお墓に案内して貰い、お参りに行った記憶があります。二百年前には薩摩藩の役人に痛めつけられ、今は、駐留米軍に不安な思いを抱きつつの日々を送っている沖縄周辺の人々に同情を禁じ得ませんでした。

この一九九二年の奄美公演については、私には忘れられない思い出があります。それは公演日が十月四日だったので、演技指導も愈々、仕上げに入り、合唱を含めた全員稽古が始まった頃、九月中旬と言えば、それはまさに南から次々と大型台風が押し寄せて来るシーズン。覚悟はしていたものの、その勢いの凄さには驚きました。

東京から飛行機で奄美大島へ飛び、ホテルに一泊して、翌日は通し稽古といった時に、泊まったホテルのベッドに寝ていたら、外の風雨がどんどん強くなり、窓ガラスに叩きつける雨水がガラスとサッシの隙間からブクブク染み込んできて、気が付けば床に水たまりが出来始め、驚いてフロントに文句を言いに行こうとしたら、エレベーターにまで雨水が流れてきて、動かなくなっているのにびっくり。ホテル側から「済みませんが、ご紹介する別のホテルに移って下さい」と言われて、篠突く雨の中、夜中に移動、やれやれと、少し大きめなホテルに移り、さて、翌日も依然、風雨は止まず、

『カントミ』豊作を喜んで踊る奄美大島の村人達

『カントミ』岩加那（高風勝治）の三線に合わせて踊る幻の娘カントミ（岩尾美希代）

「これでは、今日の稽古は中止だな」と思っていたら、時間になったら、迎えの車が来ました。「こんな台風のなかじゃあ、歌い手さんも合唱も集まれないでしょう」と私が言ったら、「いえ、全員揃って、お待ちしています」という迎えの人の言葉に半信半疑でしたが、稽古場所の体育館に行って、びっくり、本当に全員、私を待ち構えていたのです。体育館の外は暴風雨に吹き飛ばされた枯れ草が大きな草むら状態になってコロコロ転がって行ったり、吹き折れた木の枝が真横にすっ飛んで行くのが見え、外に面した大きな窓ガラスは風で大きくたわみ膨らんで、よくまあ、破砕しないもんだと、おっかなびっくり眺めました。稽古に熱が入ったのは当然のことで、歌も踊りも申し分のない仕上がりで、公演は大成功。この時も、最後の幕が降りた途端、合唱の女性達は肩を寄せ合い声を上げて嬉し泣きに泣いているのを見て、私の胸にも熱いものがこみ上げてきたものでした。

第三十八話

魔法の鈴でパパパのひよこが大集合

「カントミ」のお話の中でも触れましたが、一九九二年三月、鹿児島の「カントミ」が七日、八日に公演、神戸の「魔笛」が二十六、二十七日に公演と、立稽古段階では、まさに文字通り、東奔西走の毎日でした。

「魔笛」は二期会でも何回も上演され、中継放送したこともあり、来日したベルリン・ドイツ・オペラがゼルナー演出で上演した時も中継の担当ディレクターだったので、勉強の機会には恵まれていましたが、自ら舞台公演の演出を担当するのは初めてでした。自分独自の考え方を実現に移して行くのは、中々、楽しいものでした。「魔笛」は、それから十五年後の二〇〇七年に、同じ神戸で、更に、それから五年後の二〇一二年に、今度は東邦音楽大学からの依頼で、川越にある同大学内のホールと目黒のパーシモン・ホールでの公演の演出を頼まれましたが、その都度、少しずつ演出に変化をつけ、思い着いた演出プランを御披露します。

先ず、冒頭、タミーノが大蛇に追われて逃げ込んで来るシーン。台本にはタミーノが東洋の或る国の王子と指定されているので、私は、その国を日本にし、大昔の話なので、髪をみずらに結った日本武尊のような服装にし、その次の公演の時は、立て烏帽子、狩衣姿の日本中世武士に仕立てました。そして、余りにも都合よいタイミングで、困っている夜の女王の領域へタミーノが大蛇に追われて逃げ込んで来るので、その大蛇も実は、夜の女王の奴隷が中に入っている縫いぐるみ製の大蛇で、彼女の指示で王子を追い込んで来る、だから、三人の侍女が刀を振り上げただけで、大蛇は死んでしまう。第一、三人で刀を振り下ろせば、大蛇は四切れになる筈なのに、他の公演でも、いつも、このシーンでは三等分となる。つまり、すべて女王様の段取りで話が進んで行く訳です。

空を飛んで行って、タミーノ王子の案内役に立つ三人の少年は、舞台では鉄管バトンに吊した熱気球のような乗り物に乗り、滑車で舞台の端から端へ移動する。この発想は実は、「魔笛」の脚本家シカネーダーが、当時、世の話題を掠っていた熱気球に夢中になり、他の芝居台本にも取り込み、このオペラにも登場させたそうなのです。そして、三人の少年は、女王の領地でもザラストロの領地でも敵味方なく飛び回り、困っている人を見れば救いの手を延べる、現代で言うならば「国境なき医師団」的存在なので、私は彼等の熱気球には万国旗を結びつけ、子供は日本と中国とオーストリアの子供として、その民族衣装を着せました。

それから、ザラストロの配下の集団は、モーツァルト、シカネーダーも入信していたフリーメーソン組織がモデルだと言われていますが、日本でも、そのフリーメーソンの大集会が度々、開かれたことを知っている方は、どれ程、おられることでしょう。昔、鳩山一郎総理大臣が、その一員だったことは有名で、私が日活社員だった頃、赤坂プリンス・ホテル辺りで集会が開かれた時に通りかかり、植木鉢をひっくり返したようなトルコ帽をかぶった紳士服の人達がうようよ歩き回っているのに出会ったことがあります。パソコンのインターネットで調べると、その他にも、いろいろな情報が得られます。

それから、パパゲーノが独りぼっちになって絶望し、首をくくろうとしていると、三人の童子に魔法の鈴を鳴らすように言われ、鈴を鳴らしながら歌うシーン。その鈴の音につれ、三人の童子が大きな鳥の巣を引きずり出し、パパパの二重唱となると、その巣の中からパパゲーナが現れ、二人が抱き合って、神様に願うと、今度は巣の下から、卵が現れ、殻を脱ぐと、雛の帽子をかぶり、黄色の羽のような衣装を着た幼稚園児達が

『魔笛』ラストシーン、ひよこ達も勢ぞろい

手をパタパタさせながら六人飛び出して来る。続く「パパパパ…」の歌の内に、舞台袖から同じ雛の格好の子供達が手をパタつかせながら、次から次と出るわ、出るわ、何と三十羽余も飛び出して、パパゲーノとパパゲーナの周りを踊りまわり、お客様が大笑い、拍手大喝采の内に全員下手へ走り込む、といった具合でした。この雛は初め、せいぜい十人位だったのですが、稽古を見に来た母親や子供が、「うちの子も出したい」、「出たい出たい」、「衣装は自分達で作るから」、となって、三十羽以上に増えてしまったのです。

そして、オペラの最後の場面で、フリーメーソンの根本思想は友愛精神で、ザラストロは「博愛の心を持って、敵をも許す」と歌っているのに、娘を取り返しに来た夜の女王を雷撃で打ちのめして知らん顔しているのが、私には納得行かず、最後に三人の童子が女王を救い起こし、結婚するタミーノとパミーナに祝福を与えるようにさせました。

リアリズムの所謂、ヴェリズモ・オペラでは許されませんが、「魔笛」のようなファンタスティックなオペラでは、このような、変わった演出も許されるのが楽しいです。

第三十九話

放送、公演の字幕監修クロー話

「魔笛」と言えば、面白い思い出話があります。それは一九八九年、日本芸術文化振興会（NBS）から公演字幕の監修及びキュー出し要員の手配を頼まれ、引き受けた時のことです。テレビのオペラ放送に字幕がつくようになったのは一九五六年の第一回NHKイタリア歌劇公演の頃からだと思いますが、舞台公演している時に、舞台前面、上部に吊った白い横長看板に映写機を通じスライドで字幕を出すようになったのは、この頃が最初だったように思います。公演の総監督だった指揮者のクラウディオ・アバドが懸念を示し、OKが出るのに時間がかかりました。

ここで、オペラの字幕監修の仕事って、どんな仕事？　という疑問をお持ちの方もおられると思いますので、少々、説明させて貰います。

外国映画では初期の頃から、出演者の台詞につれ字幕は必ず表示されましたが、初期のテレビのオペラ放送では、残っている資料映像を見る限り、字幕は、ごくまばらにポツン、ポツンと出る程度で、なんとか筋が追える最少限に留まっていました。しかし、放送がラジオ時代からテレビ時代に移るにつれ、それでは済まなくなってきました。それが丁度、私がＮＨＫに入り、音楽部に配属になった頃からで、音楽の進行に合わせ、音符の長さに合わせて字幕を出し、内容により深く入って行けるようにすることが求められるようになってきたのです。

初期の段階では、字幕の原稿は、その外国語に堪能な外部の先生に委嘱していましたが、勿論、誰でも、その国の言語に通じていれば出来るものではなく、その場に相応しい、劇の進行に相応した、しかも、音楽の寸法にあった長さに自在に言葉を当てはめることが求められたのです。そんなことで、イタリア歌劇公演などはもっぱら、鈴木松子さんという年配の婦人、ＮＨＫの音楽部では「鈴木のおばちゃん」との愛称で呼ばれていた方で、ラジオの音楽番組の解説アナウンサー原稿を一手に引き受けていた台本作家に依頼していました。ただ、この方は明治生まれで、使う言葉が古めかしく、格調は高いのですが、現代の一般聴視者には、そのままでは通用しない難しい言葉遣いや、歌の音符と寸法が合わない長さだったり、ＮＨＫでは差別用語として使ってはいけない言葉などが顔を出すので、担当ディレクターとしては、鈴木さんに言い換え、書き直しをお願いしなければならないことが屡々でした。私が修正のアドヴァイスをすることもあって、だんだんお付き合いする内に、信頼されて、「杉ちゃん、あんたに任せるわ」と下駄を預けられるようになり、相談しいしい仕事をやることが多くなりました。その内、早くにご亭主を亡くされ、一人暮らしだったおばちゃんは老人施設に入り、病を得て入院し、私が屡々、お見舞いに伺っている内に、あの世に旅立たれました。しかし、私は、この鈴木さんのお陰でオペラの字幕監修の仕事を身につけることが出来るようになったのです。そして、字幕監修がオペラの演出と深い結びつきがあり、作曲者、歌手が見る人に最も伝えたいことは何か、それを、どの言葉で示し、強調しなくてはならないか、と考える内に、字幕監修も演出の一種と考えるようになったのです。更に私にとって有利だったのは、戦前、戦中の教育で、修身という教科が重んじられ、敬語の使い方を学び、また、私の父も大変、敬語の使い方に厳しかったので、外国のオペラの中でも、目上の人間に対する言葉遣いに細かい神経を配ることが出来たのです。これは最近、時々、お目にかかる字幕で大変気になるところで、例えば、フィガロが伯爵に向って「僕は」とか「おれは」とか平気で言ったり、「あんたは、そう言うが…」とか、敬語の使い方を知らない字幕に屡々お目にかかり、がっかりします。また、NHKにいたことが、差別用語に敏感になり、オペラの中に登場する身体障害者の役回りの人物に対する用語にも様々な言い換えを工夫することが出来るようになりました。

NHKが中継収録した藤原歌劇団、二期会のオペラ公演を始め、海外から送られて来た一流歌劇場の公演の映像を放送する時に、その字幕を作り、更に、VHS、レザーディスク、DVDの時代へと進むにつれ、私に、その字幕監修の依頼が次々とやって来ました。

更にオペラ公演の時にもステージ前面の上に横長の白いスクリーンを吊ってスライドプロ

ジェクターで字幕を投影する方法が取られるようになって来て、字幕を出したり消したり、チェンジしたりするきっかけは、プロジェクターの機械室のキュー出し係で、この要員はオペラの伴奏ピアニストや副指揮者の諸君を私が斡旋して働いて貰いました。

二期会のオペラ公演は訳詞上演が基本で、歌手は感情移入がし易く、観衆に直ぐ分かることを大事にし、藤原歌劇団は作曲された時の原語と音楽の結びつきを重視した原語主義を貫いていましたので、藤原歌劇団から公演字幕の監修を頼まれることが多く、新国立劇場の二代目芸術監督に藤原歌劇団の総監督の五十嵐喜芳さんが就任されてからは、新国立劇場からも依頼を受けました。これは東京文化会館での公演字幕で、経験した面白いお話を一つ。

それは一九八九年、ウィーン国立歌劇場が来日して東京文化会館で「ランスへの旅」「魔笛」を、NHKホールで「パルシファル」「ヴォツェック」を上演、その字幕監修を頼まれた時のことでした。この時の指揮者はクラウディオ・アバドで、彼は字幕を出すことに反対しましたが、この時の主催者、日本舞台芸術振興会から、「今や、日本では原語上演のオペラ公演には字幕を出すのが一般的になっている」と説き伏せられ、渋々ながら承諾しました。さて、その公演で面白かったのは、パパゲーノを演じたバリトン歌手のミカエル・メルビーというひょうきんな演技を得意とする歌手が、舞台前面で、一人で歌い演技する場面で、いつも通り観客が全員、自分に注目してくれているものと思っていたら、どっこい、殆どの観客が自分より遙か上の字幕を見て、その滑稽な訳文にゲラゲラ笑っているのに気づき、「あれっ！」という仕種をした挙げ句、大袈裟に首をひねりながら、自分も一緒に字幕を指差して読む仕種をし始めたので、お客様は一層笑い転げる場面がありました。更に、その後、パパゲーノがタミーノを見失い、恐ろしいザラストロの国で独りぼっちになり、絶望して首を括ろうとするシーンでドイツ語で三つ数える「アインス　ツヴァイ　ドライ」と言うべきところで、「字幕なんかいらないよ」という仕種をした上で憶えたてのたどたどしい日本語で、「イチー、ニー、サーン」と叫び、、客席は爆笑の渦に包まれました。

その後、公演字幕はステージ両サイドに縦長の電飾盤を立てて、それに字幕を出すようになり、それが一般化するようになってきて、益々、私への依頼も増えて、ＮＨＫ在職中から、私が字幕監修したオペラ作品は五十を越え、件数にすると百数件にも達しました。

第四十話

文楽人形オペラ「鳴神」舞台初演の悪戦苦闘

さて、話は第三十四話に戻って、自主オペラ公演ですが、「耳なし芳一」の成功で自信がつき、次の自主公演の演目に「鳴神」を、取り上げよう、と考えました。ただ、ザルツブルク・テレビ・オペラ賞でグランプリを受賞した作品として上演するのだったら、やはり、文楽人形オペラの形でやるべきだ、と考えたのですが、さて、その費用が問題でした。「芳一」公演が成功だった、と言っても、それで大儲けした訳では決してありません。

オペラ公演を個人事業的組織が手懸ける場合は通常、歌手、合唱、オーケストラを含めた出演料は優に三百万円以上になり、それに大道具、小道具、衣装、かつら、照明、裏スタッフの費用、更に会場費、宣伝費等を加えれば、忽ち一千万円を軽く越します。それに対して、入場料はというと、座席千席程度として、入場料は平均せいぜい八千円、満席になったとしても八百万円位、文化庁や芸術活動助成団体からの協賛金は一団体百万円程度、貰えても二件程度、収支ギリギリで済めば、いい方で、通常、少ない蓄えのなし崩しで済ませる有様です。そんな状態でありながら、やはり、公演を見終わった後の多くのお客様の満足なさった様子を見ると、つい、次に何をやって、もっとお客様に喜んでいただこうか、と考えてしまうのです。

その結果、思いついたのは、あの文楽人形オペラ「鳴神」でした。国際的に高い評価を受けた、このオペラを、今度はテレビというメディアを通さず、実際に劇場で、オペラ歌手がオーケストラ伴奏で歌い、文楽人形が演技をしてみせる、と言った、おそらく日本で初めての試みを何とか実現出来ないだろうか、と考えたのです。しかし、普通

のオペラの公演なら、一つの役は独りの歌手が演じるのですが、文楽人形オペラとなると一人の歌手が歌い、一体の人形を三人の人形遣いが演技させねばならない、つまり、通常のオペラなら一人で済むのに四人がかり、しかも、文楽の人達は皆、関西住まい、東京に来て貰うとなると、稽古、本番を含めて、その四人分の新幹線往復の代金と宿泊ホテル代が必要ですし、単純に考えて出演料だけでも一役、四倍の四人分必要になるわけです。金儲けの上手なお利口な商売人が見たら、「バッカじゃなかろうか」と思うでしょうね。にも関わらず、私は早速、文楽協会にどの程度まで、妥協、協力して貰えるかを打診してみました。

結果、たまたま文楽協会が若い世代へのアピールの方途を摸索している時期でもあったので、「文楽協会が東京公演に来ている期間中の合間を縫ってなら」という条件付きで、実現の可能性を示唆して貰えたのです。

こうして、一九九四年九月三日、四日の日曜日には昼と夜、全部で三回の公演をセシオン杉並ホールで行いました。演目は同じ作曲家、間宮芳生さんの短編オペラ「昔噺人買太郎兵衛」と「鳴神」の二本立て、赤字覚悟の公演でした。

NHKがオペラを委嘱して作曲して貰う場合、放送時間枠内でないと駄目なので、「死神」も「鳴神」も「耳なし芳一」も大体、一時間に収まるように作られています。しかし、舞台公演の場合は、休憩を入れて二時間程度ないと、お客様に十分満足していただくことが難しいので、このように二本立てにしたのです。「人買太郎兵衛」の方も文楽人形で舞台にかけられるのは、これが初めてでした。

文楽の公演と同じように、花道に裃姿の歌手が見台にスコアを置いて正座して、座ったままでオケピットのオーケストラ伴奏で歌い、演技は舞台の文楽人形がして見せる、という、大袈裟に言うと、おそらく世界初の珍しいオペラ公演舞台だった、と思います。

この時は鳴神上人の主遣い（頭と右手の遣い手）が吉田玉女さん、雲の絶え間姫の主遣いが吉田和生さんで、お二人とも、後に人間国宝に指定されました。結果は予想通り、沢山のお客様からの面白かったとの賛辞が寄せられ、新聞、雑誌の評論家先生方からも数々の好評をいただきました。

その観客の中に藤沢市の関係者がおられて、その

『鳴神』雲絶間姫の仮病に欺かれ、その胸元に手を入れる鳴神上人

『鳴神』雲絶間姫（佐藤ひさら）、上人（稲垣俊也）

方の報告を元に、藤沢市市長の葉山峻さんから私に直接、是非、市内の湘南台ホールで上演して欲しい、とのお申し出を受けて、その翌年の九月三日に再演し、そこでも、ご来場の皆さんに喜んでいただきました。

この「鳴神」については、更に、三年後、NOP第八回自主オペラ公演で「歌手演技による」と銘打った舞台初演をセシオン杉並ホールでやりました。二日公演だったのでダブル・キャストで鳴神上人と雲の絶間姫は稲垣俊也君、佐藤ひさらさん、もう一組は竹沢嘉明君、岩井理花さんという組み合わせでした。文楽人形とは、また、違った生々しい迫力ある熱演でお客様に楽しんでいただけました。

それから更に六年後の二〇〇四年、新国立劇場から、清水脩さんの「俊寛」と二本立てで上演したいので協力を、という要請があり、飛び上がらんばかりに喜びましたが、どっこい、演出は市川團十郎さんだ、とのことです。それでも、この作品が世の大きな話題になることは間違いなく、私は最初の著作権者であるNHKとの交渉の橋渡しをして協力しました。結果は、或る程度の評価を得ましたが、私が昔、ザルツブルク・オペラ賞の時に恐れた通りの、洋楽のオペラでやるより、歌舞伎役者による歌舞伎十八番「鳴神」を見た方が遙かに面白い、何でわざわざオペラでやるんだ、という声が多く聞かれたのが大変残念でした。

第四十一話 松江市公演と第五回自主公演の「耳なし芳一」

文楽人形オペラ「鳴神」初演と、その一年後の湘南台での再演との中間に当たる二月二十六日に島根県松江市音楽協会からオペラ「耳なし芳一」を是非上演して欲しいと言うお申し出を受けました。第三十話にも書きましたが、「耳なし芳一」はアイルランドから来日したラフカディオ・ハーンは松江で、日本名を小泉八雲と称し英語の教師として働いていた時、日本人妻せつと結婚、彼女から伝え聞いた日本のいくつかのお化け話に関心を抱いたのがきっかけで、一冊の本に書き纏めたのが「怪談」で、「耳なし芳一」はその中で最も人気の高いお話だったのです。

二月の寒い季節でしたが、松江プラバホールで、出演の歌手は松江出身の人達で固め、ただ、凄みのあるバス歌手がいなかったので、東京から山田祥雄君をつれて行くことにし、芳一には新進テノール歌手、経種《いだね》廉彦君を起用しました。経種君は松江では畳屋さんの孝行息子として知られていたようですが、東京の芸大卒業後、文化庁オペラ研修所七期生となり、イタリア声楽コンコルソでは金賞受賞、ＮＨＫのオーディションにも合格していたので、私もかねてから注目していたのです。ところが、公演は予想を遙かに上まわる大変な人気を呼び、オペラなど滅多に上演されたことのない土地柄だったので、松江音楽協会は、高いお金を出して切符を買う人は、そんなに多くはあるまいと、たかをくくって、定員八百席の自由席券を千五百枚作ってばらまいたら、何と公演一週間前になって、完売してしまった、と言うのです。音楽協会の人は慌てて、私に二日公演にして欲しい、と言って来ましたが、指揮の池辺さん、琵琶の半田さんなど、出演者に翌日の予定が入っている人が多く、結局、夜だけでなく、昼公演を一回追加することになったのです。すると、「昼の公演なら、子供も連れて行ける」とばかりに、昼公演に子供連れが増えて通路まで埋め尽くす有様でした。大変だったのは経種君でした。「えっ、昼もですか！」と叫びました。このオペラでは芳一は殆ど「出ずっぱり」で、琵琶の音に合わせ平

『耳なし芳一』松江公演での芳一（経種廉彦）

家物語を延々と歌いあげる場面も多く、普通のベルカント・オペラと違って、特殊な発声が要求されるので、一回、歌ったら二、三日は喉を休めなくてはならない程なのに、経種君は音楽協会の人に説得され、蒼い顔をして引き受けてくれました。しかし、指揮棒を見るにも盲目役だから、目をつぶっていなくてはならないのですが、この時は「あきめくら」でやらして下さい、という彼の懇願を拒むことは出来ませんで、「それだったら、目は開けていても視力を失った人の演技をすること」という条件をつけました。

公演の時、地元の人達の期待に応えようと必死になって歌い演じた経種君の熱演ぶり、名演ぶりは事情を知る私には胸が締め付けられるような思いでした。

結果は勿論、大成功、終演後、子供達迄が精一杯の低い声で、亡霊の武士の口まねで「ほーいち！」「ほーいち！」と脅しごっこをしてキャアー、キャアー笑い騒ぎながら帰って行く姿を見て、思わず涙がこみ上げてくる位、嬉しくなったものでした。

この時の公演に力づけられて、その年九月、都市センター・ホールで行ったＮＯＰ第五回自主公演の「耳なし芳一」の準備を進めました。そもそも、二年前に上演した「芳一」をまた取り上げることにしたのは、前回の芳一役を演じた福井敬君が、その時の名演も理由の一つに文化庁の芸術選奨新人賞、五島記念文化財団新人賞を受賞、一年間の海外研修を終え帰国したので、彼の成果発表の場として、また、彼の名声を高めるためにも、是非、再演したい、と思ったからです。

寺男の与作は今村雅彦君、その女房は辻宥子さんで変わらず、和尚は佐藤征一郎君から宮原昭吾君へ、亡霊の武士は高橋啓三君から山口俊彦君へ、老いた奥女中は西明美さんから坂本朱さんへ、若い奥女中は山田綾子さんから、福井君の奥方の渡辺由美香さんへ変わりました。この回も出演者の皆さんが熱演、名演してくれて、見に来た音楽評論家の先生から、前回よりグレードアップした、とお褒めの言葉をいただき、ほっとしました。

第四十二話

メノッティもびっくりの電話
森公美子がオールドミス？

NOP第六回オペラ公演はメノッティ作曲の「テレフォン」と「泥棒とオールドミス」でした。実は、この「テレフォン」の方は、私がNHKに入って、まだ、美術部員として走り回っていた頃、テレビ・スタジオ・オペラ「電話」のセット、小道具等を調達したのが最初の出会いで、その時の出演者は浜田尚子（結婚後、三浦姓）さんと立川澄人（改名後、清登）さんで今から六十年も昔の懐かしい思い出です。

更に「泥棒とオールドミス」との二作品の組合わせでは、私がNHK在職中の一九八一年、新宿の伊勢丹デパートの向かい側にあった、モーツアルト・サロンというカフェ・レストランのオーナーで、ジローレストラン・システム会社の社長だった沖広治さん、この方については第三十六話でご紹介しましたが。その沖さんから頼まれ、そのサロンのステージでセットらしいセットもなしで上演したことがありました。

青年紳士のベンが恋人の若い娘ルーシーに結婚を申し込みに訪問すると、電話が次から次とかかってきて、友達からの長電話だったり、間違い電話だったり、どうしても話を切り出せないので、仕方なく近くの公衆電話からプロポーズの電話をかけて成功、めでたしめでたしとなるのが「電話」で、この時のルーシーは豊田喜代美さん、ベンは有川文雄君で、私は、この時、ベルが鳴ってルーシーが受話機を手に取ると、電話台の向こうに電話機を頭に乗せた電話の精が現れ、パントマイムで手振り忙しく、ルーシーと会話する、と言った形にし、最後にベンが外から電話するのは電柱の上で電電公社の工事人の服装で、と言った演出にしました。

もう一つの方は、オールドミスで街の禁酒会の会長でもあるトッドの家に、ホームレスの若い男ボブがやって来たので、小間使いのレティーシャと、酒屋に酒を盗みに行ってまで歓待するが、街に泥棒が迷い込んで警察が調べに回っている、という噂を聞いて、ボブをてっきり、その泥棒と思い込んだトッドが、一緒に遠くへ逃げて結婚しようと、提案するが、自分は潔

白だし、トッドなんかと一緒になる気はない、と言われる。頭にきたトッドが警察に訴えに出かけた留守に、ボブはレティーシャと手を取り合って、家財道具を満載にした車に乗って立ち去ってしまう、ボブへの思いから、やはり、警察を呼ぶことを断念して戻って来たトッドは、それを知って泣き伏す、というのが「泥棒とオールドミス」。この時のミス・トッドは毛利準さん、レティーシャが市川倫子さん、ボブが加賀清孝君。「演技達者な適役揃いで、とても面白かった」という、お褒めの言葉を沢山いただきました。

さあ、この二作品を、自分のプロダクションの自主公演として上演するなら、更なる思い切ったアイディアが必要と考え、ない知恵を絞りに絞りました。

時は一九九六年十月、時代は昔ながらの固定電話に代って、携帯電話がじわじわと人気を得て、どんどん普及し始めていた頃だったので、このメノッティのオペラも多分、この公演を境に、この世から消えてしまうのだろうな、と思いながら演出を考えました。

固定電話につききりで、声をかける隙もない恋人のルーシにしびれを切らしたベンは、その家から出て、公衆電話で電話をかけると言う設定を、玄関先で携帯で電話したら、なんと、運良く通じたのでプロポーズ、OKの返事を貰う設定に変え、玄関のドアを開けて二人はしっかり抱き合う、という展開にしました。

この時のルーシー役はダブル・キャストで、当時、殆ど無名に近い新人だった森麻季さんと高橋薫子さん、その後のお二人の活躍ぶり、人気の上昇ぶりをご存じの方は、エーッと驚かれると思いますが、このお二人に近所のテニス・コートから帰って来たばかりのようにラケットを振りながら、テニス・ウエアーのシャツとショート・スカートから、すらりとした手足を出したチャーミングな姿で颯爽と登場した途端に舞台が華やいだ雰囲気になりました。ベンもダブル・キャストで、新進の星野淳君と坂本秀明君でした。

さて、「泥棒とオールドミス」の方も人選に知恵を絞りました。

真っ先に頭に浮かんだのは、二期会に頼まれて演技指導に通っていた中で、二十七期生だったメゾ・ソプラノの森公美子さんでした。彼女が嘗て、試演会でカルメンを演じ、例のハバネラを歌った時、本来、ジプシー独特の野性味と色っぽさで男心を惹き付ける筈のところ、むっちりと愛嬌たっぷりに身をくねらせ、その茶目っ気と愛らしさに、私も並みいる同期生達も一緒に転げ回って笑ったことがありました。とにかく、声もいいし、演技力はあるし、シリアスな役は向かないと思うけど、彼女だったら、楽しいオペラに仕上がるのではないか、と考え、早速、出演交渉しました。

オペラ歌手にとっては競争が激しく、なかなかチャンスに恵まれることの少ない世界ですから、電話で、「うちのプロダクションのオペラに出演してくれないか」と頼んだら、彼女は大喜び、「えっ！　杉先生、私なんかでいいんですか、で…、どんなオペラですか」「メノッティの『泥棒とオールドミス』で、そのオールドミス役だよ」と言ったら、「えーーっ、オールドミス！！！いやだーー！　そりゃあ、確かにそうかも知れないけれど…」「駄目かい？」「イエ、イエ、イエ、勿論、やらせていただきます。」と言うことで、引き受けてくれました。

そして、練習が始まり、立ち稽古になった時、私は彼女に一つ大事な注文をつけました。このオペラの最後、ミス・トッドがホームレスのボブに期待を裏切られ、家財道具と車を盗まれたと気づいて泣き崩れる幕切れに、お客さんの笑いを取るのでなく、同情の涙をさそう演技をすることが絶対、必要だ。と注文をつけたところ、彼女はみごとに、その注文に答え、公演は彼女の人気と、雑誌「音楽の友」でお馴染みの工藤恒美さんに依頼したポスター、チラシのイラストの面白さにも誘われて来場した満員のお客様を笑い転げさせた末、感動の拍手に包まれて幕を閉じることが出来たのでした。

第四十三話

依頼を受けた新作オペラ「みるなの座敷」「いさな」出産

一九九三年の暮れも押し迫った頃、私は神戸オペラ協会に演出を頼まれた「ウィンザーの陽気な女房」の演技指導に新幹線で往復していましたが、その列車の中で、ばったり、NHK時代に一緒に仕事をしたことのある指揮者の堤俊作さんにお会いして、近況を話し合った時、堤さんから、今、新潟県長岡でオーケストラの指揮をしているが、文化庁のバックアップで信濃川文化推進事業として流域の都市が協力し、新作オペラを作る話が出ているのだけれど、オペラを新たに作るノウハウを知った人がいなくて困っているのだが、力を貸してくれないか、と言われました。

私は勿論、「私でもいいなら」と答えましたが、その数日後、そのイヴェントの音楽監督で、制作責任者のボニージャックス・メンバーの西脇久夫さんに、お会いして正式に制作協力と演出を頼まれ、何か、信濃川流域に残っている民話をもとに考えてみてくれませんか、という注文でした。

早速、台本を誰に頼み、そして、どの様な物語にするかを相談しなければなりません。

真っ先に頭に浮かんだのは、「人買太郎兵衛」「おこんじょうるり」等のオペラの台本作家で顔馴染みだった若林一郎さんでした。早速、お会いして相談したところ、即、引き受けて下さり、作曲家は、指揮者の堤さんの推薦で石島正博さんに決まり、音楽評論家の三宅幸夫さんにアドヴァイザーをお願いしました。

そして、出来上がったオペラ「みるなの座敷」の物語は、越後の山奥、針を売り歩く旅の商人幸吉が、道に迷い、鶯の声のする方へ進み、大きな屋敷に辿り着くと、沢山の美しい娘達が出迎え、「よかったら、いつまでも、泊まっていらっしゃい」と歓待してくれるので、長居することになります。ところが、或る日、娘達が出かけるので留守番を頼まれます。そして、出かけるに際し、娘達が幸吉に「この奥には順に十三の座敷があるけれど、その内の十二の座敷は見ても、いいけど、一番奥の十三番目の座敷だけは決して開けて

「みるなの座敷」　幸吉（内山信吾）と おゆき（日野妙果）

見てはいけませんよ」と言い残して出かけます。幸吉は興味津々で、一つ一つ、襖を開けると、一月から十二月まで、越後の自然の移り変わりに応じて催された懐かしい行事や思い出のシーンが現れ、昔の恋人、おゆきとも巡り会え、一緒になって奥へ奥へと進みます。そして、最後に我慢仕切れなくなって、「開けてはいけない」と言われていた襖を開けると、途端に信濃川の濁流がどっと流れ出て来て屋敷も何もかも押し流され、おゆきは鷺となって飛び去ってしまいます。そこで、幸吉はハッと目を覚まし、自分が峠でうたた寝していたことに気が付いて故郷へ帰って行く、といったお話です。出演者はオーディションで選出、幸吉は地元のテノールの内山信吾君と地元出身でウィーンで活躍していたメゾソプラノの日野妙果さんでした。

公演は一九九六年十一月二十三日で、八月末からの練習に立ち会うため、通い始めましたが、「テレフォン」「泥棒とオールドミス」の自主公演が十月九、十日だったので、その練習スケジュールと重なって大変でした。しかし、長岡市立劇場での初演は満場の拍手喝采を浴びて成功裡に終り、翌年の二月に長岡リリック・ホールで、十一月に見附市アルカディア・ホールでの再演となったのです。

もう一つ、私が依頼を受けた新作オペラ「いさな」は、それから六年後の二〇〇二年の夏、東京の西の近郊、昭島市の野村尚弘さんと言う方から電話がかかり、二〇〇五年が昭島市制施行五十年周年に当たるので、その記念事業として、地元にゆかりのある物語をもとにしたオペラを作り、市民会館で上演することになって、野村さん自身が「いさな」という台本を書き、増田宏三さんのお弟子さんの橋本ゆうこさんが作曲した作品で、そのオペラの制作演出を引き受けてくれないか、というお話でした。増田さんとはNHK時代にお付き合いしたことがあり、合唱曲の作曲をお願いしたこともある仲でしたので、勿論、喜んでお引き受けしました。

私はこの時、初めて「いさな」とは鯨の古語であることを知ったのですが、一九六一年（昭和三十六年）昭島付近の多摩川で鯨の化石が発見され、何万年前か、この土地が未だ海底深くに沈んでいた頃、そこに鯨が住んでいた、ことが分かった、と言うのです。

物語は弥生時代の頃、昭島の辺りは「ほみの国」という小さな国で、先頃、亡くなった国王の後を王女のあきつ姫が継いでいました。或る日、村人が猪狩りから帰って、酒宴を開いていると、隣国の王子のひらち

「いさな」あきつ姫（岩井理花）と ひらち（大間知覚）
奥に横たわる さなめ（猿山順子）

が来て宴に加わる。ひらちは館から現れたあきつ姫を見て一目惚れしますが、姫の怒りをかって一旦は投獄されそうになりますが、鯨の骨を探し出して持ってくることを条件に解放され、旅立つことになるのです。

あきつ姫の心にも、ひらちへの恋が芽生えますが、従姉妹のさなめも彼を恋している、と知り、さなめを牢に入れてしまいます。しかし、さなめの乳母が番兵を眠らせ、さなめを救い出し、ひらちの後を追わせます。ひらちは多摩川の川原でいさなの骨を発見しますが、その時、敵軍が押し寄せ、激しい戦いとなり、ひらちは石に足を取られて転倒、刺されそうになった時、さなめが間に入り、身代わりとなって死んでしまいます。飛び起きた、ひらちは敵と渡り合い、そこに駆けつけたあきつ姫軍とともに敵を撃退します。夕暮れどき、村の広場で、さなめの葬儀が行われ、続いて、村人達に祝福され、あきつ姫とひらちの結婚式が行われ、平和が永く続くことを祈る歌声が川原に響き渡る、といったお話です。

あきつ姫は岩井理花さん、さなめは猿山順子さん、ひらちは大間知覚君にお願いしました。

この時の成功が実績となって、それから四年後の、同じ三月二十日、市民会館大ホールで、昭島近隣在住のオペラ歌手達によるオペラ・アリア・コンサートとミュージカル「マイ・フェア・レディー」の制作、台本、演出、司会を頼まれ、それも無事、好評裡に終え、皆さんに喜んでいただくことが出来ました。

第四十四話

全国の市民オペラ団体よ　結集しよう

また、市民オペラの話に戻りますが、先にお話した「カントミ」「みるなの座敷」「いさな」等はいずれも、藤原歌劇団や二期会など、オペラ公演をするために歌手達が結束して作った既成の団体組織が主催した公演ではなく、国や自治体のバックアップなしで、それこそ日本各地で市民達の中のオペラ好きが、そのために結集して実施されたオペラ公演でした。勿論、その中にはオペラ歌手も混じっていることもありましたが、当時、全国的に澎湃として、市民オペラの機運が高まっていたのです。今から思うと、その大きなスタート地点となったのは一九九六年七月に茨城県日立市の駅近くの日立シビックセンターという会場で、日立市と日立市科学文化情報財団、日立市民オペラを育てる会が主催する第一回全国オペラ・フォーラムだったと思います。文化庁のお役人や、音楽評論家、ジャーナリストを含め、全国の市民オペラ団体の人、八十数人の人が集まり、各地のオペラ団体の活動報告や、それぞれが抱える問題を提示して活発な話し合いが二日間に亘って行われました。以後、このフォーラムは毎年、日立の同じ会場で行われるようになり、二〇〇四年の第九回の時に全日本オペラ・ネットワークが発足し、私はその運営委員長に任ぜられ、以後、フォーラムがない年もあり、また、二〇一一年から会場を東京文化会館や藝術劇場に移してのミニ・フォーラムになりましたが、二〇一四年迄の十一年間、その役を務めました。後を引き継いで運営委員長になったのは埼玉県和光市に本拠を置く「オペラ彩」という団体の主宰者、和田タカ子さんでした。和田さんはかつてソプラノ歌手として活躍された方で、私は昔、彼女が「フィガロの結婚」のスザンナを演じるのを見たかすかな記憶が残っています。彼女がオペラ彩の主宰を務めつつも歌は続けたくもあるような様子を見て、原信子オペラ研究所の原信子さん、長門美保歌劇団の長門美保さん、佐藤美子創作歌劇団の佐藤美子さんとお付き合いのあった者として、和田さんに両立のむずかしさをお話したことがありました。勿論、私のアドヴァイスなど、ほんの参考意見に過ぎなかったでしょうが、和田さんは結果的に歌手の道を諦め、オペラ彩を主宰してプロデューサーとしての手腕を大いに発揮され、毎年、定期的に和光市文化センターで公演を行い、その数は既に三十六回という素晴らしい結果を残しておられます。

このようにフォーラムのお陰で、私は日本各地の市民オペラ団体が抱える問題を知ることが出来、また、その活動に関わっている沢山の人達とお知り合いになることが出来ました。今、お話したオペラ彩の和田さんを始め、音楽評論家で、オペラ・フォーラムの初期段階からコーディネーターを務めて下さった佐藤克明さん、オペラ・サロン・トナカイの早川正一さん、和歌山市民オペラ協会の多田佳世子さん、大分オペラの小長久子さん、神戸オペラ協会の萩原良子さん、三重オペラの碓井士郎さん、新潟県文化振興財団の丸田洋一さん、札幌室内歌劇場の中津邦仁さん、更に、当初から最後に至るまで、このフォーラムの会場を設営し事務局の役割を果たして下さった日立市科学文化情報財団の皆さんなど、数え上げればキリがないほど沢山の方達と、お知り合いになることが出来、それぞれの団体が抱える問題点を聞き知って、知識を蓄えることが出来ました。そして、私なりのアドヴァイスなどをさせていただいている内に、制作と演出面で協力を依頼されることが多くなり、結果、各地を駆け回ることになりました。例えば、神戸では「魔笛」「ウィンザーの陽気な女房達」「ヘンゼルとグレーテル」「末摘花」、三重では「ヘンゼルとグレーテル」、和歌山では「末摘花」が、二〇一一年の和歌山市芸術創造発信事業フェスティバルで上演されたのが大好評で、二〇一三年、更に二〇一八年にも再演される程、楽しんでいただきました。ここでの公演については、後で項目を立てて、記載いたしますので、そちらをご覧いただきたいと思います。

日本は藝術文化のように、経済効果が即現れないような活動に対しては冷淡な国ですから、このようなオペラ・フォーラムを開催し続けて行くことは大変なことで、その後の社会全般経済状況の悪化に伴い、次第に規模を縮小せざるを得なくなってしまいました。

そして、二〇一九年十月二十二日、川口総合文化センターで開かれた第七回全国オペラ・ミニ・フォーラム第七回では作曲家の三枝成彰さんの特別講演と私の、来日した世界一流オペラ歌手によるアリア・コンサートの映像を投影しながらの講話を楽しんでいただきましたが、集まったのは四十人足らずの近隣の方々でした。

第四十五話

「ヘンゼルとグレーテル」お菓子の家が化け物屋敷へ

さて、再び市民オペラの話に戻りますが、第四十三話にあった「見るなの座敷」を長岡で公演した後、同じ新潟県の見附市でも公演することになったので、長岡へ、その打ち合わせに行って帰った一九九六年の十二月十三日の夜、今度は神戸オペラ協会の梅田正巳さんから電話で、翌年の十二月二十五、二十六日、尼崎のアルカイック。ホールで行う「ヘンゼルとグレーテル」公演の演出を頼まれました。

この神戸オペラ協会とは、二年前、同じアルカイック・ホールでの公演「ウィンザーの陽気な女房達」の演出を頼まれ、客席が爆笑の連続で喜んでいただけたので、また依頼が来たのだと思いますが、この協会の総監督が梅田さんの恩師の畑中良輔さんだったので、例の藤沢の「ファウスト」の成功もあり、畑中さんからのご推薦もあったのでしょう、勿論、喜んでお受けしました。

その演出プランを考えるに当たって、真っ先に頭に浮かんだのは一九六〇年、今から六十年前の十二月、文京公会堂で上演された「ヘンゼルとグレーテル」を中継放送した時のことです。

まだ、私はアシスタントの時代でしたが、その公演では「ヘンゼルとグレーテル」を作曲したエンゲルベルト・フンパーディンク氏の愛弟子のマンフレット・グルリット氏が指揮で、エンゲルベルトの息子のウォルフラム氏が来日して演出しました。妹尾河童さんのセットも幻想的で素敵でしたが、松内和子さんのヘンゼル、柴田喜代子さんのグレーテルも生き生きとした演技、父親役の大賀典雄さん、母親役の栗本尊子さん、そして、魔女の三枝喜美子さんも役柄ピッタリの名演技で強く印象に残りました。

それから、もう一つは、ビクターからヴィデオ・ディスクの字幕監修を頼まれた、ショルティ指揮、エヴァーディンク演出の「ヘンゼルとグレーテル」で、この時のヘンゼルはファスヴェンダー、グレーテルがグルベローヴァ、父親がプライ、母親がデルネッシュ、魔女がユリナッ

『ヘンゼルとグレーテル』一瞬でお化け屋敷へ

『ヘンゼルとグレーテル』お菓子の家の前の二人

クという芸達者揃いでした。この映像記録は舞台と違って、映画的に現実では起こり得ない不思議な場面展開も作り出せる強みがあり、私はそこから、ヒントを得ました。例えば、森の中で迷ったヘンゼルとグレーテルの前に、忽然とお菓子の家が現れるのには、舞台の大迫（おおぜり）という大きなセットを舞台下から迫り上げる装置を使ったり、大迫のない劇場では、引枠に乗った中央の大木が動き去り、その奥の黒幕が開くと、引き枠の上に飾ったお菓子の家が現れ、押されて舞台前に出て来る、という手法を使い、いずれの場合も、客席から驚きのどよめきが聞えて来ました。そして、映像では、お菓子の家から出て来た優しげな老婆が、一瞬で恐ろしい魔女の正体を現わし、ヘンゼルとグレーテルを、お菓子の家の中に入れると、そこは殺風景なレンガ造りの大きなかまどのある部屋という設定にしていましたが、私は、家の中に入るのではなく、家の外観が一瞬にしてお菓子の家から、化け物屋敷に変わるように考えたのです。舞台美術担当の三宅景子さんが、注文通りの面白いセットを作ってくれました。美味しそうな、お菓子の家の外壁をパタンと裏返すと、一瞬にして照明が暗くなり大きな恐ろしい猫の目玉が描かれた外壁に変わる、という風にしたのです。この演出も評判が良く、次の年のクリスマスには水戸芸術館で二日公演、更に、その翌年の十一月には三重県のオペラ協会から頼まれ、久居市市民会館で、これも二日公演して喜んでいただきました。

第四十六話

「おこんじょうるり」公演の思い出

「テレフォン」「オールド・ミス」公演の翌年、第七回NOPオペラ自主公演の演目は「あまんじゃくとうりこひめ」「おこんじょうるり」の二本立てでした。この林光さんのオペラを上演するに至った経緯についても、お話したいことがあります。

それは三年前、某新聞のオペラ批評欄を担当していた林光さんが文楽人形オペラ「鳴神」と「太郎兵衛」の公演を見に来られて、お褒めの言葉をいただき、続いて「杉さん、僕の『あまんじゃくとうりこひめ』と『おこんじょうるり』も二本立てで上演してくれないか」と言われました。林さんとは、NHK音楽部の初期時代、まだ、林さんがフルーティストだった姉上のリリ子さんの伴奏ピアニストをしておられた頃からの知り合いでしたが、「私のプロダクションではオーケストラ伴奏での公演を続けているので、林さんが、そのオペラのオーケストラ伴奏版を作っていただけたら、それで上演致しましょう」とお返事しましたら、林さんは早速、二つの自作品のオーケストラ伴奏版を作曲して下さったので、三年後の一九九七年十一月になかのZEROホールで、NOP第七回自主オペラ公演として、二本立てで上演することになったのです。

この「あまんじゃくとうりこひめ」というオペラは、そもそも、一九五八年にＮＨＫからの委嘱で作曲され、テレビで放送初演、その翌年にＮＨＫが舞台初演した作品です。

昔、山奥に住む老夫婦に「うりこひめ」と名付けて可愛がっている女の子がいましたが、或る日、その老夫婦が家を留守にしている間、うりこひめが一人で機を織っていると、やんちゃな山の精のあまんじゃくが、やって来て、自分も機を織ってみたくなり、うりこひめを縛って、楽しげに機を織り始めたら、通りかかった殿様と家来が、うりこひめと勘違いして、虜にしようとして、逆に、あまんじゃくにコテンパンにやっつけられて退散する。

帰って来た老夫婦とうりこひめは、山奥に去ったあまんじゃくに感謝して手を振る、といった物語。ＮＯＰ公演では、うりこひめは横山美奈さん、あまんじゃくは安達さおりさんでした。

「おこんじょうるり」は、これも昔、盲目の占い婆さんのところに、猟師に追われて逃げ込んできた子狐が助けて貰ったお礼に、浄瑠璃を語ると病が治るという不思議な術を使い、婆さんの背中、羽織の下に隠れ負ぶさって、あちこちの病人を治してまわり、婆さんは忽ち大金持ちになる。それとは知らない二人の悪党が、婆さんの後ろから殴りかかり、金を奪って行く、子狐は瀕死の重傷を負い、婆さんが必死になって祈祷しても役には立たなかった、という哀れな物語。

おこんは佐橋美起さん、ばばさまは加納里美さん二人の悪党は松本進君と梅沢一彦君でした。

公演後、適役揃いだった歌手の皆さんの好演もあって、またまた沢山の「楽しかった」「面白かった」の賛辞をいただくことが出来て、林さんも至極ご満足の様子でした。

その翌年、銀座のビアガーデン・ライオンから、「開店十周年にあたるので四階にあるビアホール舞台で記念行事としてピッコロ・オペラを催したいので、是非、『おこんじょうるり』を」、とのお申し出を受けて、ここでも再演することが出来ました、殆どノーセット状態で客席と出演者が密着する空間での演技で、それだけに必死に頑張る歌手の熱気がどんどん会場を熱くして行って、大変、喜んでいただくことが出来ました。

そして、更に、「おこんじょうるり」の方は、それから四年後の二〇〇二年十一月二十八日に、私の家内の友人の勤め先、横浜英和女学院からの依頼で、学内のブリテン・ホールで上演することになりました。この時のおこんは猿山順子さん、ばばさまは辻宥子さん、二人の悪党は松山いくお君と梅沢一彦君という芸達者な歌手達で、この公演も女学院の生徒の皆さんから、沢山のご好評をいただくことが出来ました。

第四十七話

なんと 新日鉄音楽賞特別賞受賞！

二〇〇三年に私は思いもよらず、第十三回新日鉄音楽賞特別賞を受賞しました。

この新日鉄音楽賞は一九九〇年が新日本製鐵株式会社が創立二十周年と、同社提供の新日鉄コンサート放送三十五周年を記念して設けられた音楽賞で、その内のフレッシュ・アーティスト賞は将来が期待される演奏家、指揮者等に贈られ、特別賞の方は、クラシック音楽界で活躍して音楽文化の発展に大きな貢献を果たした個人に対して贈られる賞で、それまでに、この特別賞を受賞された方には、松本美和子さん、田中希代子さん、伊藤京子さん、ホルン奏者の千葉馨さん、NHKの先輩で音楽資料部部長だった音楽史研究家の小川昂さん、ミュージック・フロム・ジャパン代表の三浦尚之さんなどがおられました。選考委員は委嘱を受けた音楽評論家、音楽ジャーナリスト、第一線で活躍するアーティスト、文化人の方達です。

受賞の時にいただいたリーフレットには、私の写真と略歴、それと一緒に掲載されていた受賞理由は、次の通りでした。

「『少ない予算でも上質のオペラを』との理念のもとにニュー・オペラ・プロダクションを設立、

周囲の協力を得ながら、私財を投じてまで殆どひとりで運営。多くの意欲的なオペラ公演の制作。若手歌手の育成、字幕監修などに積極的に取り組み、日本のオペラ界に大きく貢献している。氏のこうした熱意と実績を高く評価した。」と。

私の仕事は人目にはふれない、縁の下の力持ち的な仕事なので、こうして表彰されると言うことは、やはり、見る人は見てくれているんだなあ、と涙がこぼれる位に嬉しく感じました。

この時のフレッシュ・アーティスト賞は新進ピアニストの小菅優さんでした。

私はＮＨＫのテレビ・ディレクターだった時には、優れた番組を放送した時に贈られる総局長賞、会長賞を受けたこともあり、海外コンクールのザルツブルク・テレビ・オペラ賞を受賞したこともありましたが、まさか、ＮＨＫを卒業して、日本のオペラ界に少しでもお役に立ちたいと、ちっぽけなオペラ・プロダクションで悪戦苦闘している身にとっては、この受賞は、まるで夢のようでした。

第１３回新日鉄音楽賞受賞記念写真、フレッシュ・アーティスト賞ピアニスト小菅優と

国や地方自治体は、こんな、ちっぽけな団体が文化振興に貢献していようがいまいが、殆ど無関心のような状況のもとで、それを認めて表彰して下さる民間の大企業があるとは、本当に有難いことでした。

更に、新日鐵には文化財団組織もあって、その事務局と一体になった都心のビルの階下に紀尾井ホールという八百席の客席のあるコンサートホールもあって、様々な一流演奏家の演奏会が開催されていました。実は、そのホール事務局長の町田龍一さんは、ご趣味で民間の合唱団のメンバーになっておられ、私のプロダクションの「耳なし芳一」公演に参加をお願いしたアマチュア合唱団の一員だったことから、顔見知りの仲だったのですが、受賞二年後の二〇〇五年十月に、ふと思いついて、その町田さんに紀尾井ホールで、「カルメン法廷」を上演したい旨を申し出て、二年後の二〇〇七年三月十七、十八日にNOP第十二回自主公演として開催することが出来たのです。

出演者はダブルキャストで、カルメンが三橋千鶴、河野めぐみ、ドン・ホセが中鉢聡、大間知覚、ミカエラが砂田恵美、砂川涼子、エスカミーリョが柴山昌宣、稲垣俊也、指揮が樋本英一の皆さんでした。

この公演の成功に自信を高め、更に三年後の二〇一〇年、NOP最後の第十三回自主公演「末摘花」も、この紀尾井ホールで開催し、有終の美を飾ることが出来たのでした。

第四十八話

耳の次は鼻？ 「末摘花」発見の経緯

私が、この世に産み落としたオペラは、長女が「死神」長男が「鳴神」、次男が「耳なし芳一」、そして次女で末娘が「末摘花」です。

「死神」「鳴神」「耳なし芳一」はNHKに在職していたが故に生み出すことが出来た作品でしたので、定年退職後、ニュー・オペラ・プロダクションを設立した以上、今度は他の力に頼らず、自力で新しいオペラを作り出したい、という思いをじっと持っていました。その念願成就のチャンスが思わぬところから湧いてきたのです。

前に、二期会オペラ・スタジオの演技指導教官のお話をしましたが、私は自分のプロダクションを作った時、その付属組織として、オペラの演技を勉強する場を作り、何とか新進歌手の育成に役立てたい、との思いから、杉オペラ演技研究所を立ち上げました。そして、募集広告を出したところ、音楽大学卒業生十数人の応募がありましたが、全員女性でした。男性は、こんな過去の実績もなく、授業料を払っても、とてもモトが取れそうもない研究所なんかに行くもんか、と考えたのでしょう。仕方がありません。とにかく、女性だけで授業を始めました。幾つかある授業科目の中に台詞の授業というのがあって、その授業を、私の知り合いで文学座の女優だった神保共子さんという方に担当していただいていましたが、その神保さんがテキストとして持ってきたのが、女子高の校長先生で、演劇部の部長も兼ねていた榊原政常さんという方が書いて出版した「しんしゃく源氏物語」という女性だけが出演する作品だったのです。その演劇は大変面白いということで、女子高の演劇コンクールや演劇祭でも大変な人気を呼んで、全国的にあちこちで上演され、高い評価を得ているということでした。私もそれを読んで、大変面白く滑稽であるのと同時に、人心の機微を捉え、哀れでもあり、人間の真心の大事さをしみじみと感じさせる内容に感動しました。そして、次の瞬間、私は「これだっ！　次に私がこの世に生み出すオペラは！」と思ったのでした。

筋書きは源氏物語ですから平安時代のこと、没落貴族の独り娘で、高い鼻の先が垂れ下がり、その先端が赤かったことから、末摘花と綽名される女性がいました。当時の女性の化粧料の紅を採取するのに、花びらの先端から赤く染まってくる紅花のこ

『末摘花』別れを惜しむ末摘花（佐藤ひさら）と侍従（平井香織）乳母（辻宥子）

とを別名、末摘花と呼んでいたからです。そのお姫様の奏でる琴の音に引かれ、平安のドン・ファン、光源氏が夜陰に乗じて忍び込み、臥所を共にする程の仲になったのですが、或る時、つい夜明けまで居続け、初めて姫の鼻に気づき、以来、ぷっつり訪れて来なくなってしまったのですが、姫の方は光源氏の愛情を信じ、再来を待ち続けていました。彼女に仕えていた奥女中達は、源氏の気まぐれに期待して、食べ物もろくにない屋敷に辛抱して居続けていたのですが、見込みがないと知って、次々と出て行ってしまい、遂には、年老いた乳母と末摘花だけになって嘆いていました。すると、何と、その時、門辺に光源氏が訪れて来たという知らせが入り、出て行った奥女中達や、姫に屋敷を売り払って女中奉公に来いと言っていた成金の叔母までが駆けつけ、一同揃って門のある花道の方に向って深々とお辞儀をしたところで幕が降りる、と言った筋書きです。不誠実な源氏を信じ続けるのは愚かと言えば愚か、かも知れませんが、姫が一途に源氏の君を信じ、愛し続ける真情の尊さ、美しさは、一笑に伏すべきではない重さを持っていると教えてくれているのです。

第四十九話

オペラ「末摘花」初演と、その関西公演

私は早速、新進作曲家の寺嶋陸也君に作曲を依頼しました。寺嶋君は今を去ること三十三年も前、私が銀座の文房具店、イトウ屋の社長夫人の伊東久子さんが渋谷の東邦生命ホールで年二回、春と秋に開催していた「欅の会コンサート」で間宮芳生さん作曲のオペラ「昔噺人買太郎兵衛」の上演を頼まれた時、間宮さんに紹介して貰った彼のお弟子さんでした。その時に寺嶋君にピアノ伴奏譜から、フルートと打楽器を加えた編成で上演出来るよう、編曲して貰って以来の付き合いですが、ピアノの伴奏者として、副指揮者としても付き合っていて、美しい旋律を持った合唱曲などを作曲していることを知っていたので、起用したのです。

オペラ「末摘花」は予想通り、それはそれは面白く、しかも深く心を打つ作品に仕上がりました。私はそれを、早速、ピアノ伴奏で研究生の発表会でも上演しましたが、ニュー・オペラ・プロダクションの創立十五周年記念の第十一回定期公演として二〇〇六年に杉並区の後援を取り付け、杉並区文化交流協会共催という形でセシオン杉並ホールで本格的に舞台初演しました。指揮は寺嶋君、演出は私、末摘花は佐藤ひさらさんと山口道子さんのダブル、叔母役は三橋千鶴さんと森永朝子さん、乳母は辻宥子さんという顔ぶれで、沢山の方々から「面白かった」「感動しました」「最後のシーンで涙が出ました」という賛辞を多数いただくことが出来ました。そして、「是非、再演を」というご要望に応えて、四年後の二〇一〇年、今度は新日鐵文化財団と共催で紀尾井ホールで上演、この時の末摘花は天羽明恵さんと塩田美奈子さん、叔母は牧野真由美さん、岩淵真理さん、乳母は青木美稚子さん、与田朝子さんのダブルキャストで、前回よりレベルアップした公演に仕上げることが出来ました。ここで注意していただきたいのは、末摘花役をお願いした歌手の皆さんです。佐藤ひさらさん、山口道子さん、天羽明恵さん、塩田美奈子さん、いずれも美女揃いです。何故、わざわざ美女を選んで醜女を演じて貰ったのでしょう。お分かりですね。本来は美女となるべき娘が、鼻が長く垂れ

『末摘花』末摘花（天羽明恵）と私

たばかりに、悲しい運命を背負わなければならなかった、その運命のいたずらの苛酷さ、かわいそうさを観客の皆様に同情して欲しかったからです。

天羽さんが、この末摘花をみごとに演じた時に面白いエピソードがあります。彼女の名演でお客様が大喜び、最後のカーテンコールで拍手が延々と続きました。ご招待した彼女のお母様も大変お喜びのようで、明恵さんに「よかった、よかった」と喜んで下さったそうですが、「でもね、」と天羽さんは私に言いました、「母ったらね、『せめて、カーテンコールの時には、お前、あの先っちょの赤い長い付け鼻を取って出て来た方が良かったのに』ですって、私はすぐ言ってやったわ、『いやよ、たださえ低い鼻が余計低くぺちゃんこの鼻に見えちゃうじゃないの』って！」それを聞いて私達は笑い転げ、彼女のかっこいい鼻を見直しました。

その紀尾井ホールでの公演を見に来られた和歌山市民オペラ協会会長の多田佳世子さんも大変、感激なさって、このオペラを是非、来年、和歌山で上演したいので協力して欲しいという依頼を受け、私は大喜びで、即、お引き受けしました。出演歌手、舞台スタッフは現地の人、業者、セット・デザイナーは東京の人が当り、公演は二〇一一年九月四日、和歌山市民会館で行われました。私は、その年、七月半ばから十数回、暑い盛りに立ち稽古の演技指導に和歌山通い、公演は大成功、和歌山市内や近郊から見に来られた多くのお客様から、沢山の称賛の声が寄せられ、何と、その後、二〇一三年、二〇一八年に和歌山で再演し、また、神戸や岐阜でも上演する機会に恵まれたのです。

　このオペラは日本の平安時代、つまり、京都が舞台で登場人物は、成金夫人の叔母さんだけは、どうやら、大阪辺りの人らしく、それ以外は京都の人で、それを、現地の人が演じると、言葉が地について、生き生きと感じられ、特に三枚目役の叔母さんを演じた久保美雪さんの達者な演技と大阪弁には、屢々、客席から爆笑が起きました。

　そこで、私は改めて知りました。自分達の身についた言葉でオペラを演じることの強みを。何やら我田引水のように取られると残念ですが、イタリア人が演じるイタリア・オペラ、ドイツ人が演じるドイツ・オペラ、ロシア人が演じるロシア・オペラ、それを他国の人が演じ、それ以上のレベルの公演に仕上げるのは不可能で、日本人は、やはり、日本語のオペラを、関西弁のオペラは関西人が演じて天下一品の味が出せるのではないでしょうか。

『末摘花』末摘花（井谷有紀）と叔母（久保美雪）

日本語
日本語
日本語
にほんご
にほんご
Italia·opera
Deutsch·Opera
Russia·Opera
KUDO

第五十話

「商品に手を出すな」の禁令を破ったオノロケ話

このオモクロ話の最初の方に、私が学習院大学を卒業して、日活映画会社に就職、撮影所の宣伝部員になったことを書きましたが、その時、私は昭和三十一年、一九五六年、二十五才で独身でしたが、その配属が決まった最初の日に、上司から厳重に言い渡されたのは「決して商品に手を出すな」ということでした。映画会社にとって、大事な商品とは、俳優さんのことで、男性社員にとっては、美しい女優さんに仕事以外で必要以上に親密になってはいけないと言うことでした。特に当時の日活は戦後に映画の製作を再開した会社で、ニューフェイス募集に応じて入社したピチピチの若く美しい女優さん達が、何とか一日も早く、人気のスターの座に昇りたいものと、ひしめいていましたから、自分の存在を認めてマスコミに売り込んでくれる宣伝部員に何とかして近づきになりたい、と思っていたのですから、確かに、この禁令は新入社員には当然のことでした。

当時の浅丘ルリ子さんは、いつも小柄なお父さんに付き添われている少女という感じでしたが、その他、芦川いずみ、南田洋子、北原三枝、月丘夢路と言った後にスターになった美女達に、私は禁令を守ってすべてビジネスライクに接しました。

ところが、それから三年後、ＮＨＫに移り、音楽部に配属になった時、私は二十八才で、そろそろ嫁さんか、せめて恋人が欲しくなる年頃でしたが、ここの職場でも「商品には手を出すな」の禁令は頭から離れていませんでした。

この頃のＮＨＫ洋楽の番組に「しらべに寄せて」という構成番組があって、ポピュラーなクラシック音楽や歌手の伴奏をする毎回出演のストリング・オーケストラがありました。まだ、私はＰＤと呼ばれる番組担当ディレクターのアシスタントのアシスタントで、スタジオを駆け回っていましたが、そのストリングスの中のハーピストにチャーミングな美女がいたので、見とれていて、少し先輩のアシスタントに、「あのハーピスト、いいねー。」と耳打ちしたら、「ダメダメ、彼女は先輩ＰＤのＫさんの彼女だよ」と言われてガックリしました。しかし、暫くして、「あっ、あのコンサート・マスターの隣で弾いているヴァイオリニストの美女の方がいいや」と私が言うと、その先輩アシスタントはニヤニヤ笑って、「ダメダメ、彼女は先輩Ｔさんと近々、結婚するんだよ」と言われ、仰天しました。更に驚いたことに、それからしばらくの後、バレエ番組の下働きをした時、バレエグループの中心で小柄ながら華やかにソロ　ダンスを見事に踊ったバレリーナを見て、「いいなあ、あのかわいい娘がいいや」と言ったら、その先輩アシスタントは噴き出して大笑い、「ダメダメ、あれはＯ先輩の彼女だよ」と言われ、開いた口が塞がりませんでした。

どーなってるんだ？　ＮＨＫってとこは？　「商品に手を出すな」なんて禁令は影も形もありゃしない、と。

ところが、ところが、それから、六年後、私は三十四才で、まだ独身でしたが、「夜のコンサート」という番組のＰＤを務めている時、出演者に世界的名テノール歌手のフェルッチョ・タリアヴィーニを迎え、ピアノ伴奏者は川口耕平さんでしたが、川口さんから「譜めくりの人をお願いします」と頼まれ、これには、直ぐに思い当たる人がなく、頭を悩ませていました。そんな折も折、いつもより仕事が早く終わり、帰り支度をしていた時、机の上に積まれた音楽会への招待状の中に、ＮＨＫイタリア歌劇公演に何回も出演している二期会合唱団のリーダー的存在だった川名佑一君のリサイタルが丁度、今日、間もなくＮＨＫの直ぐ近くのイイノ・ホールであることを知り、彼の歌を聴きに行くことにしました。

確か、伴奏は三浦洋一君だったと思います。川名君の歌がどんなだったかは、はっきり憶えていませんが、この時、私の注意を引いたのは、譜めくり嬢でした。勿論、タリアヴィーニのことがあったせいもありますが、登場の時から、川名君に続いて出て来た三浦君の向こう、蔭に隠れるように譜面を抱えて現れ、演奏中はやはり、三浦君の蔭に隠れるように座って、譜面をめくらなければならない寸前に、そっと立ち上がり、必要最少限の素早い動作で譜面をめくり、さっと椅子に戻って、三浦君の蔭に座る。終わった時も、川名君、三浦君の蔭になる位置に立ち、二人の退場に続いて譜面を抱えて目立たないように退場する。「この譜めくりは、己の分を弁えて、中々、いいぞ、よし、彼女にタリアヴィーニの譜めくりを頼んでみよう」と思い立ち、リサイタルが終わった時、裏に行って、二期会の事務局員でお馴染みの田中陽子さんに、彼女のことを訊きに行きました。そしたら、何を勘違いしたか、田中さんは「ダメダメ、あの子は真面目な子なんだから、教えない」と言うのです。「変な憶測しないでよ、真面目な話なんだから。」と言っても、「ダメダメ、」と言って教えてくれません。仕方がないので、「しからば、直接交渉だ」と考え直し、楽屋口で待ち伏せし、彼女の了解を取り付けることが出来ました。

そして、無事タリアヴィーニ出演の「夜のコンサート」は好評裡に放送を終えましたが、それが縁で、私は、その声楽専門学

ローマのサンタ・チェチーリア寺院前、結婚式の後に

校出身のソプラノで畑中良輔夫人、更予さんの弟子だった菊池さわと付き合い始め、生涯の伴侶とすることになったのです。さわの故郷は岩手県の前沢町、父上は元朝日新聞政治部の記者だった人で、戦時中は満州方面に派遣されたこともあり、戦後は前沢町長を三期務めた人で、お酒が好きで、お話も上手で、私は晩酌の楽しさを教えて貰いました。

さわと交際し始めた翌年、私は父の親友でラテン、ギリシャ文学の大家で、その時、ローマの日本文化会館館長だった呉茂一さんのお招きで二人してローマへ赴き、呉さんのお手配で音楽の守護神として有名なサンタ・チェチーリアを祀る寺院で結婚式を挙げることが出来たのです。

譜めくりさんも、出演者の一人と考えれば、これも、やはり商品に手をつけたことになるのでしょうか…。

4人の息子（左から時光、道正、秀明、清高）と

それから、今や五十五年、私は好きなオペラにのめり込み、自主オペラ公演は十三回、依頼を受けて演出、制作協力したオペラ公演は四十回にも及び、コンサートでは、十字屋ホールや音楽の友ホールで開催した自主NOPコンサートが五十二回、それ以外のコンサートは依頼を受けたのも含めて十五回、字幕監修したオペラは五十五タイトルにもなりました。まあ、やりたい放題勝手にやって来た我儘亭主を、さわは我慢強く支え続けてきてくれています。NHKの現役時代、テレビのディレクターは、労働基準法もへったくれもない徹夜が続くような過激で不規則な生活が続くので、平均寿命は六十歳と言われていたのに、今や、それを超過すること三十年になろうとは！　全く、図々しい亭主と言えば、その通りなのですが、それも、これも忍耐強く辛抱強く栄養バランスのとれた食事を作り続けてくれている女房のお蔭と、心の中では感謝感謝と手を合わせながら、「もうひと頑張りで終わるから、その時は、僕の命の最後の頁もめくってね」と呟いています。

以上でオモシロもオノロケも、お話は終りです。

メデタシ！　メデタシ！

結婚55年目、妻さわと私

おしまいに　――エーッ！　ニッセイ・バック・ステージ賞受賞！

長々の駄弁にお付き合い下さり、ありがとうございました。環境の影響もあったのでしょうが、幼時からオペラの魅力に取り憑かれ、知らず知らずの内に、ずんずんのめり込んで様々な形でオペラに関わり、苦労と喜びを味わって来ましたが、考えてみれば、随分、沢山の方達に助けていただきました。

日本人作曲のオペラ公演に積極的に助成協力して下さった芸術文化振興基金、五島記念文化財団を初め、三菱信託芸術文化財団、花王芸術・科学財団、野村国際文化財団他、公演毎に広告協賛という形で資金援助してくださった多くの企業、それより何より、毎回、公演を見に来て喜んで下さり、激励の御言葉をお寄せ下さった沢山のファンの皆様、そして、この本を読んで下さった皆様には心底からのお礼を申し上げます。

今や、それこそ、オペラに疲れ果てた形で「やっこらしょ」と腰を下ろす年頃となりました。黙って、あの世に旅立つつもりでしたが、オペラの面白さを少しでも多くの方に知っていただきたいという思いが断ち難く、このような形で体験談を出版する気になったのですが、出版するに当たって、オペラ界の事情に詳しく、評論家としてコーディネーターとして活躍しておれる佐藤克明さんに有意義なご意見を頂戴したことと、今まで自主オペラ公演の際、楽しいイラストを描いていただき、ポスターやチラシに使わせていただいた工藤恒美さんに、今回も素敵な楽しい挿絵を描いていただいたことにも、そしてまた、この本を含め、今迄、NOP出版物の装丁編集を一手に引き受けて下さったリバー・クラブの柴田郁代さん、堀田正人さんにもこの場を借りて厚く御礼申し上げます。

　それにしても、随分、沢山の方々に助けられたり、ご迷惑をかけたりしたものだなあ、と感謝とお詫びの気持ちで一杯で、筆を置こう（?・?・?）いや、PCのマウスを手離そうとした去る八月五日のこと、傍らの電話が鳴り、ニッセイ文化振興財団の事務所の方からで、私が本年度二〇二〇年のニッセイ・バックステージ賞の受賞者に決まった、というびっくりするような嬉しいニュースでした。

　このバックステージ賞は一九九五年から始まっていて、舞台の裏方として活躍した人達に贈られる賞で、二期会の河内正三さん、舞台監督の田中好道さん、田原進さん、ス

松山保臣財団理事長から賞状をいただいた私とさわ

テージマネイジャーの宮崎隆男さん、合唱のメンバーとして、また、合唱指揮で活躍した新小田大さん、及川貢さん、衣装の大井昌子さん、下斗米雪子さんなど、一緒に舞台作りに専心した仲間も沢山で、私なんぞがいただいていいのかな、と思うほど、人目に付かないところで沢山の業績を積まれた方達です。更に、驚いたことに賞金が百万円、年金を生涯、五十万円いただけるというのです。わーっ、こんなにいただけるのなら、これを資金に、また、オペラを上演したいな、と思いましたが、それは余りに無理で、どんな簡素なオペラでもオーケストラ付きでやれば、その十倍か二十倍はかかりますからね。

今や九十年に達する生涯を好き勝手に生きてきた、このノーテンキ男を地獄の閻魔大王様はどんな顔して待ち受けておられることでしょうね。恐ろしくもあり、興味津々でもあります。「その方、ここでオッフェンバックのオペレッタ『天国と地獄』を制作演出して見せよ」なーんて注文して下さればいいですけれど。成績優秀、品行方正で天国に住んでる歌手さんより、地獄にはチャーミングで演技達者なオペラ歌手さんの方が沢山いらっしゃるでしょうから。でも、困りましたねえ、ニッセイ・バックステージ賞の賞金を足したとしても、出演者の皆さんに、ご満足いただける程、十分な出演料を差し上げることが出来そうもありませんからね。

ゴメンナサーイ！

杉　理一（すぎ　のりかず）略歴

一九五四年学習院大卒。同年日活映画会社入社、宣伝部勤務。一九五八年日活依願退職、同年NHK入社、美術部制作進行課勤務。一九五九年～一九八七年音楽部洋楽番組テレビ・ディレクターとして「ニューイヤー・オペラコンサート」「テレビ・コンサート」「音楽をどうぞ」「しらべに寄せて」「芸術劇場」「世界の音楽」「音楽の広場」「名曲アルバム」等を担当、スタジオ・オペラでは「道化師」「外套」等を制作演出。一九七一年国際テレビ・オペラ・コンクール、ザルツブルク・オペラ賞に制作演出のオペラ「死神」を出品、二位相当の優秀賞受賞。一九七四年には同コンクールに文楽人形オペラ「鳴神」を出品しグランプリを獲得、NHK会長賞も受賞。NHK在職中の一九七三年から二十五年間、二期会の中山悌一理事長からの要請で二期会研究生の演技指導教官を務め、この他にもNHKの業務に支障を来たさない条件で昭和音楽大学、朝日カルチャセンターでも要請を受け講義を行った。一九八〇年～一九九一年、週刊オン・ステージ新聞からの依頼でオペラ批評欄を担当、執筆した。NHK定年退職後、一九九〇年、オペラの企画制作演出、字幕監修を業とする有限会社ニュー・オペラ・プロダクション設立、代表取締役に就任。自主オペラ公演十三回「カルメン法廷」「セビリアの理髪師」「耳なし芳一（初演）」「鳴神（舞台初演）」「テレフォン」「泥棒とオールドミス」「おこんじょうるり（オーケストラ版　初演）」「カヴァレリア・ルスティカーナ」「道化師」「末摘花（初演）」等を企画制作演出。また、市民や地域から依頼のオペラ公演は一九八一年以後、新宿モーツァルト・サロンの「電話」「泥棒とオールドミス」、藤沢で「ファウスト」、市川で「トスカ」「仮面舞踏会」「アドリアーナ・ルクヴルール」、神戸で「ウィンザーの陽気な女房達」「魔笛」「ヘンゼルとグレーテル」「末摘花」、鹿児島で「コシ・ファン・トゥッテ」「カントミ」、奄美大島で「カントミ」、信濃川流域都市で「見るなの座敷（初演）」、昭島で「いさな（初演）」、和歌山で「末摘花」（二〇一一、一三、一八年の三回）、金沢で「耳なし芳一」（二〇一〇、一九年の二回）等、五十二公演の制作もしくは制作協力、演出を担当、いずれも高い評価を得ている。また、将来の活躍が期待される新進歌手、有能な中堅歌手に発表の場を与える声楽コンサート「NOPコンサート」を一九九五〜二〇一〇年、男女ペアで銀座十字屋ホールと音楽の友ホールで五十回開催、百人の歌手を出演させた。ジロー・レストラン・システム会社の創始者、沖広治氏が一九七三年から毎年、日本オペラ界に貢献した歌手スタッフを顕彰し賞金を授与援助したジロー・オペラ賞の二十五周年には依頼を受け、受賞した第一線歌手達十二人による記念コンサートを、また、沖氏逝去の時は、日本と韓国のトップクラス歌手十七人による追悼コンサートを新国立劇場で制作、開催した。一九九九年にはニュー・オペラ・プロダクション付属の杉オペラ演技研究所を設立、所長に就任、オペラ歌手志望者にスコア、映像資料等を提供、演技に関するアドヴァイスも行っている。二〇〇三年、永年の日本オペラ界への貢献に対し新日鉄特別音楽賞を受賞。新国立劇場運営財団からの依頼で平成十七年（二〇〇五年）度、評価委員を務める。二〇〇四年〜二〇一五年、全国の市民オペラ、地域オペラの連合体である全日本オペラ・ネットワークの運営委員長を務める。二〇一二年から東京文化会館会議室での自主講座で、二〇一六年からは横浜市青葉区オペラを楽しむ会依頼の講座でオペラ・ヴィデオ鑑賞会の講師を務めている。二〇二〇年度ニッセイ・バックステージ賞受賞。

特別賞

杉　理一（すぎ・のりかず）

■ニュー・オペラ・プロダクション代表■

「少ない予算でも上質のオペラを」との理念のもとにニュー・オペラ・プロダクションを設立、周囲の協力を得ながら、私財を投じてまで殆どひとりで運営。多くの意欲的なオペラ公演の制作、若手歌手の育成、字幕監修などに積極的に取り組み、日本のオペラ界に大きく貢献している。氏のこうした熱意と実績を高く評価した。

受賞者の紹介

杉　理一（ニュー・オペラ・プロダクション代表）

1931年生まれ。1954年学習院大学を卒業。日活宣伝部を経て、1958年から87年まで日本放送協会音楽部テレビ・ディレクターとして勤務。主としてオペラ番組の演出を担当、イタリア歌劇公演などで舞台監督、演出助手を務める。スタジオ制作オペラの演出では、「死神」（1971）でザルツブルク・オペラ賞の優秀賞を、「瞻神」（1974）で同グランプリを獲得。内外の歌劇団（場）のオペラ中継放送のほとんどを担当、「名曲アルバム」、「音楽の広場」などの看板番組も手がけた。

1973年以降は、二期会オペラ・スタジオ研究生の演出講師、日本オペラ振興会歌手育成部講師を務める。昭和音楽大学、朝日カルチャーセンター、NHK文化センターなどの講師も歴任。

1990年、オペラ、コンサートの制作、演出、コンサルタントおよび字幕監修を主軸とする有限会社「ニュー・オペラ・プロダクション」を設立し代表取締役となる。意欲的に自主オペラ公演を制作・演出する一方、依頼公演として藤沢市民オペラ、神戸市民オペラ、水戸芸術館、東京室内歌劇場等の演出も担当。

2001年の「耳なし芳一」を最後にオペラの定期公演を打ち切り、依頼公演に重点を移して、声楽コンサート、字幕監修の仕事を続けながら、これまでに作り上げたオペラ作品の上演を地方のホールなどに積極的に働きかけている。

第13回　新日鉄音楽賞　受賞時のパンフレットから

杉 理一の企画・制作・演出のオペラ実績（二〇二〇年一月一日現在）

一九六八年（昭和四十三年）〈三十七歳〉
1 六月二十三日（NHK教育TV「芸術劇場」放送）
「愛の妙薬」制作・演出

一九六九年（昭和四十四年）
2 二月二十三日（NHK教育TV「芸術劇場」放送）
「コルヌビルの鐘」制作・演出
3 六月二十二日（NHK教育TV「芸術劇場」放送）
「外套」制作・演出

一九七一年（昭和四十六年）
4 五月二十三日（NHK教育TV「芸術劇場」放送）
「死神」初演 企画・制作・演出
＊一九七二年ザルツブルク・テレビ・オペラ賞優秀賞
（二位相当）受賞

一九七四年（昭和四十九年）
5 六月九日（NHK教育TV「芸術劇場」放送）
文楽人形オペラ「鳴神」初演　企画・制作・演出
＊一九七五年ザルツブルク・テレビ・オペラ賞
グランプリ受賞

一九八一年（昭和五十六年）
6 一月十四、十五、十六日（新宿モーツアルト・サロン）
モーツアルト・サロン企画会公演
「電話」「泥棒とオールドミス」制作・演出

一九八二年（昭和五十七年）
7 十月二十一、二十二日（市川市民会館大ホール）
市川オペラ振興会主催「トスカ」演出

一九八四年（昭和五十九年）
8 十月二十三日（銚子市青少年文化会館）
銚子オペラを楽しむ会主催「愛の妙薬」演出

一九八五年（昭和六十年）
9 十二月十四日（市川市文化会館大ホール）
市川オペラ振興会主催「仮面舞踏会」演出

一九八七年（昭和六十二年）
10 三月二十五日（東邦生命ホール）欅の会主催
「昔噺人買太郎兵衛」制作・演出
11 十二月六日（志木市民会館）志木市まなびの会主催
「マイ・フェア・レディーとカルメンファンタジー」構成・

演出
一九八七年（昭和六十二年）〈五十六歳〉
十二月二十五日NHK定年退職
一九八九年（平成一年）
12 六月五日～十日（長野県小学校六校）
東京音楽事業センター公演「カルメン」抜粋　演出
一九九〇年（平成二年）　六月一日
ニュー・オペラ・プロダクション（NOP）設立
13 十月十三、十四、二十、二十一日（藤沢市民会館）
藤沢市民オペラ公演「ファウスト」制作・演出
一九九一年（平成三年）
14 四月二十五、二十六日（こまばエミナース）NOP第一回
自主公演「カルメン法廷」企画・制作・演出
15 七月二十八日（練馬文化センター）モーツアルト・
オペラ・シアター主催「ティートの慈悲」演出
16 十月二十六日（京都こども文化会館）京都オペラ・
アート・プロデュース主催「フィガロの結婚」演出
一九九二年（平成四年）
17 三月七、八日（鹿児島県文化センター）南日本新聞社
鹿児島オペラ協会主催「カントミ」演出
18 三月二十六、二十七日（神戸文化ホール）
神戸オペラ協会主催「魔笛」台詞台本・演出
19 六月六、七日（こまばエミナース）NOP第二回自主
公演「セビリアの理髪師」企画・制作・演出
20 八月十九、二十、二十一日（東京芸術劇場小ホール）
東京室内歌劇場主催「人は知らず」演出・字幕監修
21 九月二十七日（中央区立中央会館）モーツアルト・
オペラ・シアター主催「ノポロとヒュアキントス」
「騙された花嫁」制作・演出
22 十二月六日（市川市文化会館）市川オペラ振興会主催
「アドリアーナ・ルクヴルール」演出・字幕監修
一九九三年（平成五年）
23 五月八日（新宿文化センター）NOP第三回自主公演
「耳なし芳一」舞台初演 企画・制作・演出
24 五月十六日（都立神津高校体育館）東京室内歌劇場主催
神津島特別公演「人は知らず」演出・字幕監修
25 七月三日昼夜（国立劇場小ホール）SENDO企画主催
「源氏物語～夕顔の巻」初演・演出
26 七月三日昼夜（日本教育会館一橋ホール）
東京室内歌劇場主催「人は知らず」演出・字幕監修
一九九四年（平成六年）
27 一月十四、十五日（尼崎アルカイックホール）

神戸オペラ協会主催「ウィンザーの陽気な女房達」台詞台本・演出

28 二月二十六日（市川文化会館）市川オペラ振興会主催「仮面舞踏会」演出・字幕監修

29 九月三、四日（セシオン杉並ホール）ＮＯＰ第四回自主公演　文楽人形オペラ「昔噺人買太郎兵衛」「鳴神」舞台初演　企画・制作・演出

一九九五年（平成七年）

30 二月二十六日昼夜（松江市プラバホール）松江市・松江音楽協会主催「耳なし芳一」　制作・協力・演出

31 九月三日（湘南台文化センター）藤沢市・湘南台文化シアター主催　文楽人形オペラ「昔噺人買太郎兵衛」「鳴神」制作協力・演出

32 九月九、十日（なかのＺＥＲＯホール）モーツアルト・オペラシアター主催　「ラ・ボエーム」制作協力・演出・字幕監修

33 九月三十日（日本都市センターホール）ＮＯＰ第五回自主公演「耳なし芳一」制作・演出

一九九六年（平成八年）

34 三月九、十日（鹿児島市民文化ホール）鹿児島オペラ協会主催　「コシ・ファン・トゥッテ」制作協力・演出

35 十月九、十日（なかのＺＥＲＯホール）ＮＯＰ第六回自主公演　「テレフォン」「泥棒とオールドミス」　制作・演出

36 十一月二十三日（長岡市立劇場）信濃川文化推進事業新作オペラ「みるなの座敷」初演 制作協力・演出

一九九七年（平成九年）

37 二月二十日（長岡リリックホール）「ゆきみらい 97 in 長岡」公演「みるなの座敷」抄演、制作協力・演出

38 十月四日（奄美大島文化センターホール）鹿児島オペラ協会主催「カントミ」制作協力・演出

39 十一月十六日（見附市アルカディア・ホール）信濃川文化推進事業公演「みるなの座敷」制作協力・演出

40 十一月二十一日（なかのＺＥＲＯホール）ＮＯＰ第七回自主公演「あまんじゃくとうりこひめ」「おこんじょうるり」制作・演出

41 十二月二十五、二十六日（尼崎アルカイックホール）神戸オペラ協会主催「ヘンゼルとグレーテル」演出

一九九八年（平成十年）

42 三月十四、十五日（鹿児島県文化センター）鹿児島オペラ協会主催「奄美の娘　カントミ」演出

43 三月二十四日（銀座ライオン）音楽ビアプラザ十周年

44 記念公演「おこんじょうるり」制作協力・演出
十月十三、十四日（セシオン杉並大ホール）NOP第八回自主公演「鳴神」（歌手演技による初演）「昔噺人買太郎兵衛」制作・演出

45 十二月二十三、二十四日（水戸芸術館ACM劇場）「ヘンゼルとグレーテル」演出

一九九九年（平成十一年）

46 十一月六、七日（久居市民会館）みえ県民文化祭三重オペラ協会公演「ヘンゼルとグレーテル」演出

二〇〇〇年（平成十二年）

47 三月二十四日（なかのZEROホール）NOP第九回自主公演 中野区文化・スポーツ振興公社共催 日韓文化交流事業「カヴァレリア・ルスティカーナ」「道化師」制作・演出

48 六月二十六～三十日（前沢町、江刺市、胆沢町、水沢市）岩手県胆江地区高校合同芸術鑑賞会巡回公演「カルメン法廷」制作・演出

二〇〇一年（平成十三年）

49 三月四日（なかのZEROホール）NOP第十回自主公演 中野区文化・スポーツ振興公社共催「耳なし芳一」制作・演出

二〇〇二年（平成十四年）

50 八月十日（東京文化会館大ホール）舞台芸術創造フェスティバル二〇〇二実行委員会主催「耳なし芳一」制作・演出

51 十一月二十八日（ブリテン・ホール）横浜英和女学院音楽教室公演「おこんじょうるり」制作・演出

二〇〇四年（平成十六年）

52 一月三十、三十一、二月一日（新国立劇場大劇場）新国立劇場、二期会主催 市川團十郎演出オペラ「俊寛」「鳴神」制作協力

53 三月二十日（昭島市民会館大ホール）昭島市制施行五〇周年記念事業実行委員会主催オペラ「いさな」初演、制作協力・演出

54 七月二十、二十一日（セシオン杉並）杉並区文化交流協会主催「ヘンゼルとグレーテル」制作・演出・解説

二〇〇六年（平成十八年）

55 二月二十五、二十六日（セシオン杉並大ホール）ニュー・オペラ・プロダクション創立十五周年記念NOP第十一回自主公演 杉並区文化交流協会共催「末摘花」初演 企画・制作・演出

二〇〇七年（平成十九年）

56 二月三、四日（尼崎アルカイックホール）ニュー・オペラ・シアター神戸主催「魔笛」 台詞台本・演出

57 三月十七、十八日（紀尾井大ホール） NOP 第十二回自主公演 「カルメン法廷」制作・演出

二〇〇八年（平成二十年）

58 三月二十日（昭島市民会館大ホール） 昭島市「いさな」友の会主催 昭島近隣在住歌手による第一部オペラ・アリアコンサートとミュージカル「マイ・フェア・レディー」ハイライト 制作協力・台本構成・司会・演出

59 一〇月二十七日（紀尾井大ホール） 新日鉄文化財団主催
木下美穂子オペラティック・リサイタル 「オテロ〜真実の愛」制作協力・構成演出・字幕監修

二〇一〇年（平成二十二年）

60 三月十日（石川県立音楽堂邦楽ホール）、三月十一日（射水市高周波文化ホール）、三月十四日（横浜みなとみらい小ホール） 金沢・射水・横浜三都市提携公演 「耳なし芳一」制作協力・演出

61 七月三十、三十一日（紀尾井大ホール）
ニュー・オペラ・プロダクション設立二十周年記念NOP第十三回自主公演「末摘花」制作・演出

二〇一一年（平成二十三年）

62 九月四日（和歌山市民会館小ホール） 和歌山市民オペラ協会・和歌山市芸術創造発信事業フェスティバル実行委員会主催 「末摘花」制作協力・演出

63 十二月十日（岐阜市じゅろくプラザ）岐阜市、THBファシリティズ主催 「末摘花」制作協力・演出

二〇一二年（平成二十四年）

64 二月四、五、六日（東邦音楽大学・川越グランツザール）二月十、十一、十二日（めぐろパーシモン）東邦音楽大学オペラ定期公演 「魔笛」制作協力・演出

65 二月十七日（石川県立音楽堂邦楽ホール）二月十九日（射水市高周波文化ホール） 二月二十一日（坂井市ハートピア春江ホール） 金沢・射水・坂井三都市提携公演
「テレフォン」「泥棒とオールドミス」演出

二〇一三年（平成二十五年）

66 二月十六、十七日（尼崎アルカイックホール） ニュー・オペラシアター神戸・尼崎市総合文化センター共催
「末摘花」制作協力・演出

67 九月二十八日（和歌山市民会館小ホール）
和歌山市民オペラ協会主催 「末摘花」制作協力・演出

二〇一七年（平成二十九年）

68 六月十七日（曳舟文化センターホール）
オフィス・アプローズ主催「夕鶴」制作協力・演出

二〇一八年（平成三十年）

69 八月十九日（和歌山市民会館小ホール）
和歌山市民オペラ協会主催「末摘花」制作協力・演出

70 九月九日（曳舟文化センター）
オフィス・アプローズ主催「ラ・ボエーム」字幕監修

二〇一九年（令和一年）〈八十八歳〉

71 八月十一日（石川県立音楽堂邦楽ホール）石川県音楽文化振興事業団主催「耳なし芳一」制作協力・演出

ＮＨＫテレビ・スタジオ・オペラ　五本
自主オペラ公演　十三本
市民・地域オペラ公演　五十三本
総計七十一本

（ＮＨＫで中継収録放送を担当した内外一流歌劇団、歌劇場公演を除く）

イラストレーター：工藤恒美
編集装幀：リバークラブ

オペラにツカレた男のおもシロクローばなし

2021年2月28日　初版第1刷発行

著　　者　杉　理一
発 行 者　中田典昭
発 行 所　東京図書出版
発行発売　株式会社 リフレ出版
〒113-0021　東京都文京区本駒込 3-10-4
電話 (03)3823-9171　FAX 0120-41-8080
印　　刷　株式会社 ブレイン

ISBN978-4-86641-377-8 C0095
Printed in Japan 2021